xin dazhong zhexue

新大众哲学·7·人生观篇

荡起幸福人生的双桨

王伟光　主编

人民出版社
中国社会科学出版社

责任编辑：任　哲　仲　欣
封面设计：石笑梦
版式设计：汪　莹

图书在版编目（CIP）数据

荡起幸福人生的双桨 / 王伟光 主编 .
– 北京：人民出版社：中国社会科学出版社，2014.9（2021.11 重印）
（新大众哲学）

ISBN 978 – 7 – 01 – 013911 – 1

I. ①荡…　II. ①王…　III. ①马克思主义哲学 – 人生观 – 通俗读物
IV. ① B0–0

中国版本图书馆 CIP 数据核字（2014）第 205953 号

荡起幸福人生的双桨

DANGQI XINGFU RENSHENG DE SHUANGJIANG

王伟光　主编

人民出版社
中国社会科学出版社 出版发行

北京汇林印务有限公司印刷　新华书店经销

2014 年 9 月第 1 版　2021 年 11 月北京第 8 次印刷
开本：880 毫米 × 1230 毫米 1/32　印张：5.625
字数：100 千字

ISBN 978 – 7 – 01 – 013911 – 1　定价：15.00 元

邮购地址 100706　北京市东城区隆福寺街 99 号
人民东方图书销售中心　电话（010）65250042　65289539

目录

前言

20 世纪 30 年代，著名马克思主义哲学家艾思奇（1910—1966 年）写过一部脍炙人口的《大众哲学》(最初书名为《哲学讲话》)。该书紧扣时代脉搏，密切联系中国实际，将马克思主义哲学的基本道理以生动活泼的形式，深入浅出的笔法，贴近大众的语言，通俗而生动地表达出来了。《大众哲学》像一盏明灯，启蒙了成千上万的人们走上中国共产党领导的革命道路。

光阴如梭，《大众哲学》问世迄今已逾八十年。八十年在人类历史上只是短暂的一瞬，但生活在这个时代的人们却经历着沧桑巨变！人们能够真切地感受到，科学技术发展一日千里，全球化、信息化浪潮汹涌澎湃，工人阶级和社会主义运动势不可当，当代资本主义内在矛盾激化演变，中国特色社会主义实践日新月异，人们的生活“每天都是新的”。历史时代和社会实践的显著变化，呼唤新的哲学思考。以当年“大众哲学”的方式对现实作出世界观方法论的解答，写出适应时代的“新大众哲学”，既是艾思奇生前未竟的夙愿，更是实践的新需要、人民的新期待、党和国家的新要求。

今天编写《新大众哲学》，要力图准确判断和反映时代的新变化，进行新的哲学的分析。纵观人类历史发展的总体进程，我们的时代是资本主义逐步走向灭亡、社会主义逐步走向胜利的历史时代。尽管马克思主义经典作家早就敲响了资本主义的丧钟，但旧制度的寿终正寝却是一个漫长的历史过程。试看当今世界，通过工人阶级和劳动大众的持续抗争，资本主义不再那么明火执仗、赤裸裸地掠夺，而是进行生产关系与上层建筑体制的局部调整，运用“巧实力”或金融手段实施统治。资本主义不仅没有马上“死亡”，反而表现出一定的活力，然而其不可克服的内在矛盾导致的衰退趋势却是不可逆转的；苏东剧变之后，尽管国际共产主义运动陷入低潮，但社会主义中国则以改革开放为主旋律蓬勃兴起，中国特色社会主义的成功开拓，推动共产主义运动始出低谷。资本主义与社会主义的竞争、较量、博弈正以一种新的形式全面展开。时代的阶段主题由“战争与革命”转向“和平与发展”，但马克思主义经典作家所揭示的整个时代的基本矛盾并没有改变，人类历史的新的社会形态终将代替旧的社会形态的历史总趋势并没有改变，引领时代潮流的时代精神——马克思主义世界观方法论并没有过时。马克思主义哲学是社会实践的理性概括。作为科学社会主义理论基础的马克思主义哲学，需要重新审视资本主义和社会主义及其关系，给大众提供认识社会历史进程和人类前途命运的新视野。《新大众哲学》要准确把握时代变化的实质，引领大众进行新的哲学认知。

编写《新大众哲学》，要力图科学思考和回答科技创新和生产力发展的新问题，赋予新的哲学的概括。科学技术已经成为“第一生产力”，全面、深刻地塑造着整个世界。全球化、信息化、市场化，高新科技的发展和应用，令世界的面貌日新月异。现代资本主义几十年所创造的生产力，远远超过了资本主义几百年、甚至人类社会成千上万年生产力的总和。社会主义中国在与资本主义的竞争中，正在实现赶超式发展。尽管马克思曾经提出“科学技术是生产力”“世界历史理论”等一系列重要思想，但当今的科技创新和生产力发展，包括全球化、信息化、市场化对经济、政治、文化、社会的全方位渗透影响，仍然提出大量有待回答的哲学之问。马克思主义哲学是人类社会生产实践和科学研究实践的思想结晶，需要对社会生产实践和科学发展实践提出的问题给予哲学的新解答。《新大众哲学》要科学总结高新技术和生产力发展提出的新问题，提供从总体上把握问题、解决问题的哲学智慧，进行新的哲学解读。

编写《新大众哲学》，要力图深刻总结中国特色社会主义伟大实践中涌现出的新经验，作出新的哲学的概括。中国特色社会主义是当代中国共产党人从事的一项“全新的事业”。改革已经引起了中国社会的深刻变革、社会结构的深刻变动、利益关系和思想观念的深刻变化，一方面推进了经济社会的飞跃发展，另一方面又带来了新的社会矛盾。马克思主义哲学理应正视人民大众利益需求的重大变化，探索满足人民日益增长的物质和文化需要的有效途径，研究妥善处理复杂的利益矛盾、建设富强民主文明和谐的社会主义现代化国家的正确道路。《新大众哲学》在回答重大现实问题的过程中，要对中国道路、中国模式、中国奇迹、中国特色社会主义新鲜经验予以世界观方法论层面的哲学阐释。

编写《新大众哲学》，还要力图回应当代国内外流行的各种哲学社会思潮，给予新的哲学的评判。哲学的发展离不开现成的思想成果，马克思主义哲学是在批判地继承人类一切优秀成果的基础上发展起来的，是在批判非马克思主义、反马克思主义思潮的思想交锋中发展起来的。人们在错综复杂的社会思潮冲击下，常常感到迷惘、困惑，辨不清是非，找不到理想的追求和前行的方向。在这场“思想的盛宴”中，如何“尊重差异，包容多样”，让一切有益于中国特色社会主义建设的思想文化充分涌流；同时，批判错误的哲学思潮，弘扬正确的哲学观，凝聚社会共识，让主流意识形态占领阵地，是马克思主义哲学不容回避的历史任务。《新大众哲学》要在批判一切错误思想、吸取先进思想文明的基础上，担当起升华、创新马克思主义哲学的历史使命。

时代和时代性问题的变化，现实实践斗争的发展，既为马克思主义哲学提供了新的源泉，又不断地对其本身的发展提出急迫的需求。对于急剧变化和诸多问题，马克思主义哲学经典作家没有亲身面对过，更没有专门深入阐述过。任何思想家都不可能超越他们生活的时代，宣布超时代的结论。列宁说：“我们并不苛求马克思或马克思主义者知道走向社会主义的道路上的一切具体情况。这是痴想。我们只知道这条道路的方向，我们只知道引导走这条道路的是什么样的阶级力量；至于在实践中具体如何走，那只能在千百万人开始行动以后由千百万人的经验来表明。”[1]但历史并不会因为理论的发展、理论的待建而停下自己的脚步。现实对马克思主义哲学创新充满期待，人们期待得到马克思主义创新的哲学观念的指导。

《新大众哲学》正是基于高度的使命感和理论自觉，努力高扬党的思想路线的旗帜，坚持解放思想、实事求是、与时俱进、求真务实，顺应时代潮流，深入思考和回答时代挑战与大众困惑。《新大众哲学》既不是哲学教科书，刻意追求体系的严密，也不是哲学专著，执着追求逻辑论证与理性推理；而是针对重大现实，以问题为中心，密切关注时代变化和形势发展，注重吸收人类思想新成果，进行哲学提升、理念创新，不拘泥于哲学体系的框架，以讲清哲学真理为准绳。在表达方式上，《新大众哲学》避免纯粹的抽象思辨和教科书式的照本宣科，以通俗化的群众语言来阐述，力求通俗易懂、生动活泼，贴近广大读者的新要求，让马克思主义哲学“讲中国老百姓的话”。

《新大众哲学》立足马克思主义哲学的本真精神，从总论、唯物论、辩证法、认识论、历史观、价值观、人生观七个方面围绕时代问题展开哲学诠释，力求将重大理论与现实问题提升到马克思主义哲学世界观方法论的高度加以分析与阐明，在回答重大理论与现实问题的进程中，力争推进马克思主义哲学的时代化、中国化和大众化。这是历史赋予马克思主义哲学义不容辞的责任，也是《新大众哲学》应当担当的历史重任和奋力实现的目标。或许，在这个信息爆炸、大众兴趣多样化的时代，这套丛书并不能解决大众所有的疑问和困惑，但《新大众哲学》愿与真诚的读者诸君一起求索，一道前行。

以上所述只是《新大众哲学》追求的写作目的，然而，由于《新大众哲学》作者们的水平能力有限，可能难以达到预期。再者，《新大众哲学》分七部分，且独立成篇，必要的重复在所难免。同时，作者们的文字功底不够扎实，文字上亦有不尽完善的地方。故恳请读者们指教，供《新大众哲学》再版时修订。

注 释

1 《列宁专题文集　论社会主义》，人民出版社2009年版，第399页。

什么是人生观

——人生观总论

人生观是对人生的目的、意义、价值和道德的根本看法和态度。人生观的问题说到底是怎样做人的问题。人的本质不是抽象的，而是“一切社会关系的总和”。任何人来到这个世界上，生命都只有一次，难免会有一死，这是无法改变的自然规律。但是，人不应该就此悲观、沉沦，而应该“向死而生”，努力将有限的生命活出精彩来、活出意义来，即要树立远大的理想，投身服务于绝大多数人利益的崇高事业，为社会主义和共产主义的实现而奋斗终生。

人生观是对人生的目的、意义、价值和道路的总的看法和根本态度。人生观引导着每个人一生的言行、人的价值的实现和人生的幸福。马克思主义人生观是科学的、正确的人生观。只有树立了马克思主义人生观，才能真正实现人生的意义，才能获得人生最大的幸福。

古希腊哲人有句名言："人啊，认识你自己。"这句话道出了人类对自身提出的一个重大命题，即"了解自己"。人要正确认识世界并成功改造世界，就必须了解自己的本质和特点，了解自己的认识能力和实践能力；就必须了解人生的目的和意义，了解自己的使命和人生的价值；就必须了解自己的生和死，了解自己活着要干什么；就必须了解人与世界的相互关系，了解人与人之间的相互关系……总之，关于人生的种种问题，就成为人们所面临并一直在不断探求的重大问题。这些问题，也就是通常所谓的人生观问题。

一、人是什么

——法国“五月风暴”与萨特的存在主义

要搞清楚什么是人生观，首先要搞清楚“人是什么”。而为了搞清“人是什么”这个问题，可以从法国“五月风暴”与萨特（Sartre，1905—1980年）的存在主义谈起。

20世纪60年代末期，在西方发达资本主义国家，相继爆发了震撼西方世界的学潮和工潮。其中规模最大、影响最广、震力最强的，以青年学生和工人抗议、造反为典型形式而震惊世界的，当数1968年五六月间爆发的法国“五月风暴”。

1968年3月22日，法国巴黎大学农泰尔文学院学生集会抗议政府逮捕反对美国越战的学生。巴黎大学当局纠集警察试图逮捕学生，导致双方动武，造成几千人的学潮，结果六百人被捕，几百人受伤。以此为燃点，事态进一步扩大，整个巴黎成为骚乱战场，数万学生和教师举行强大的示威游行，法国许多外围城市大学生纷纷支持巴黎学潮。到了5月中下旬，学潮继续蔓延，引起工潮，整个法国处于学潮与工潮的旋涡之中。“五月风暴”前后持续一个多月，造成损失三百亿法郎，使法国出口减少了三分之一。1969年3月，又爆发了900万工人、学生参加的工人总罢工和学生示威。1968年“五月风暴”和1969年“三月工潮学潮”严重动摇了法国资本主义制度。

法国“五月风暴”和西方风起云涌的学潮、工潮爆发的根本原因，是西方发达资本主义国家社会内在矛盾的激化。成千上万的学生和工人参加抗议示威游行活动，是因为他们意识到自身是资本主义制度的牺牲品，从而对资本主义制度的弊端产生不满，并自发地产生了与资本主义制度对抗的大规模行动，对资本主义制度造成了冲击。

“西方马克思主义”的一些思想家们，如匈牙利人卢卡奇（Lukacs，1885—1971年）、德国人柯尔施（Korsch，1886—1961年）、意大利人葛兰西（Gramsci，1891—1937年）、法国人萨特，还有法兰克福学派的一些代表人物等，在法国“五月风暴”和西方学潮、工潮事前就已经大量地分析了西方发达资本主义国家的社会现状及其内在矛盾，预期了学潮、工潮的降临。学潮、工潮爆发后，他们又力图分析“五月风暴”和西方学潮、工潮产生的原因和意义。

“西方马克思主义”思潮被“五月风暴”和西方学潮、工潮的参与者，以及前后时期形成的西方新“左”派奉为思想武器，特别是其关于抽象的人的观点正契应了“五月风暴”参与者反叛资本主义制度、追求所谓人性解放的精神需求。实际上，“西方马克思主义”并没有自己给自己起这样的名字，他们也不以“马克思主义”自诩，更不是一个成型的组织。“西方马克思主义”是在第一次世界大战之后，社会主义革命于俄国取胜，而于西方却相继失败、步入低潮的形势下，出现的一股反马克思主义的思潮。“西方马克思主义”虽然赞成学生运动、工人运动，但它却从“左”的方面批评马克思主义，成为西方学潮、工潮现实运动理性反映的对应思潮。尽管“西方马克思主义”在理论本质上是错误的，但也不可将其全盘否定。它毕竟探索了马克思主义在发展进程中应当回答的许多重大理论和实践问题，接触了现代发达资本主义出现的许多新情况、新问题，批评了苏联社会主义建设实践中存在的弊端和失误。“西方马克思主义”思想家们的探索和研究，为进一步坚持和发展马克思主义、坚持和发展社会主义提供了重要思想资料。

“西方马克思主义”主张主观唯心主义，反对辩证唯物主义。体现在历史观上，他们反对唯物主义历史观，主张把人的意识、人的主体性提到第一性的位置上，认为社会历史是人的主体性的现实展开，主张把抽象的人作为出发点的资产阶级人道主义，这就在思想领域引起了长时间的关于人、人性、人的本质、人是不是历史的出发点等一系列哲学问题的争论。

对西方学潮、工潮影响最大的“西方马克思主义”当数萨特的存在主义。萨特出生于法国巴黎，因其父去世较早，从小由其外祖父母养大。1929 年从法国巴黎高等师范学校毕业后担任中学哲学教师。1933 年到法兰西学院研究德国现象学家胡塞尔（Husserl，1859—1938 年）和存在主义哲学家海德格尔（Heidegger，1889—1976 年）的哲学思想，逐渐形成自己的存在主义思想体系。1938 年开始发表小说，有《作呕》《墙》《想象的事物》等。第二次世界大战期间应征入伍，1940 年被俘，在德国战俘营被关 9 个月。1941 年 3 月获释返回巴黎，当了新闻记者，积极参加抵抗运动，发表了《苍蝇》《此路不通》等轰动一时的反抗暴政和倡导信仰自由的剧本。1943 年，发表了探索十年、写了两年的首部哲学著作《存在与虚无》，提倡存在主义哲学。萨特所说的“存在”不是辩证唯物主义所讲的物质存在，也不是历史唯物主义主张的社会存在，而是抽象的人的本质的存在。他认为，人在世界上的命运是荒诞无稽的，意志的自由决定人的行动。1960 年，萨特发表了用存在主义“补充”马克思主义的《辩证理性批判》。1951 年，发表剧本《魔鬼与上帝》。1952 年，发表文学评论《圣热内——喜剧演员和殉道者》。在政治上，萨特积极参加“左”派社会活动，反对美国侵越战争，积极支持法国学生运动。但是，他背离了马克思主义、背离了马克思主义哲学。他说，自己虽然曾接受马克思主义的影响，但他不是一个马克思主义者。马克思主义有一种解释人的方法，即认为人是经济制度的产物，这是不符合他的信念的。萨特认为人是自由存在的，这构成真正革命的基础。还说，法国革命的老公式，自由——平等——博爱仍然有效。必将出生的社会主义如果不是以这三条原则为内容，就将不是人性的社会主义。

萨特存在主义是一种把抽象的人的存在当作基础和出发点的唯心主义历史观。萨特认为，存在有两类：一类是客观世界的客观存在。他称之为“自在存在”。他认为，客观世界的存在是没有理由、没有必然性、没有原因的，是虚无的“自在存在”，由此他否认物质的客观存在，否认现实的人及其社会的客观存在。另一类是人的意识、人的自我的存在，他称之为“自为存在”。他所说的人的存在，不是活生生的、肉体的、物质的、社会的现实人的存在，而是指人的主观的“自我意识”存在，一种抽象的人的本质存在。他讲的存在不是指人的全部物质的社会生活，而是指人的不安、焦虑、绝望、恐惧、罪责这样一种病态的精神生活存在。他认为人具有无限的意志性。他从人的抽象存在出发解说资本主义的内在矛盾，主张深入到人的主体性中去研究资本主义内在矛盾，认为人的自由是人的存在本身，人们通过自由选择而成为他自己的创造者，主张抽象的人道主义的社会主义，从抽象的人的本质出发向现代资本主义展开批判。存在主义的这些主观唯心主义、反唯物史观的主张成为当时西方学生运动和工人运动的思想武器。

从法国“五月风暴”到“西方马克思主义”、萨特存在主义，把到底怎样正确认识人的本质和人性、人的价值、人的自由、人的解放、人的发展等问题，也就是说，“人是什么”这一问题凸显出来了。这个问题是思想文化领域争论的热门话题，是马克思主义与一切非马克思主义（包括“西方马克思主义”思潮）、反马克思主义，唯物史观与唯心史观争论的一个焦点问题，也是人生观所要回答的首要问题。

历史唯物主义在回答“人是什么”时，并不否认西方资产阶级启蒙学者人本主义的进步性，并不一般地否认人性、人道主义、人的价值、人的自由、人的解放、人的发展等口号。历史唯物主义真正反对的是：把抽象的人和人性作为说明社会历史问题的出发点，而不是把“社会关系的总和”作为说明人的存在、人性以及一切社会历史问题的出发点；把实现抽象的自由、平等、博爱等人性要求作为实现人道主义的条件和道路，而不是把无产阶级革命、消灭私有制、建立社会主义制度作为实现人道主义的条件和道路。

马克思主义最重视人的研究，唯物史观绝不是只见物不

见人的“人的空场”。历史唯物主义是“关于现实的人及其历史发展的科学”，重视人的地位和价值是马克思主义哲学的重要原则。马克思主义哲学，在人与物的关系上，强调了人是社会历史的主体；在人的社会活动上，强调了人的实践作用；在社会发展目的上，强调了人的全面发展是社会发展的根本目的。马克思主义坚决反对用人本主义取代历史唯物主义，以抽象的人道主义代替科学社会主义。

在唯物史观看来，人是社会历史活动的主人，是社会生活的主体，有生命的个人的存在是全部人类社会历史的第一个前提。但是，没有抽象的人，只有现实的人；没有孤立的人，只有处于具体的历史的社会联系和关系中的人；人是社会中的一员，社会是现实的人联系在一起的总和。研究人类社会就必须研究现实的人，研究这些现实的人的社会生活过程及各方面的内在联系，研究由人的联系和关系所形成的社会结构及其历史变化。离开人的社会关系和联系去研究人，就是研究抽象的人。马克思、恩格斯正是因为研究了现实的人及其社会历史，才形成了对人的本质和人性、人的价值、人的自由、人的解放和人的发展等问题，即“人是什么”的科学认识。只有站在唯物主义历史观的立场上，才能正确解读 20 世纪六七十年代西方发达资本主义国家学潮、工潮爆发的原因、作用和意义，才能正确地引导西方发达资本主义国家学生运动和工人运动走上科学社会主义轨道，而不受“西方马克思主义”、存在主义的误导。

存在主义宣扬的抽象人性并不是什么新鲜货色，不过是重拾费尔巴哈人本主义的牙慧。费尔巴哈（Feuerbach，1804—1872年）人本主义观察社会的基本方法是从抽象的人、人性、人的本质出发来说明社会历史。

马克思主义哲学克服了费尔巴哈的人本主义哲学的缺陷，用关于现实的人及其历史发展的科学来代替对抽象的人的崇拜，用唯物史观代替人本哲学。马克思指出：“人的本质不是单个人所固有的抽象物，在其现实性上，它是一切社会关系的总和。”[1]这里包含两层意思：一是正确说明了人的本质问题，即“什么是人”；二是科学地指出，只有从社会物质生产出发、从社会实践出发、从社会关系出发，才能说明人性、人的本质等问题，而不是相反。

通过对人的本质的正确探讨，马克思找到了新的世界观——唯物史观的出发点，即社会的物质关系，认识到由此出发才能科学说明人是社会的产物，是社会现象，只有从社会关系出发，才能说明人的一切问题，才能确立科学正确的人生观。

人是一切社会关系的总和。在阶级社会中，人的社会性具体表现为阶级性。从社会关系的总和出发，才能说明人性

问题。

回答“人的本质是什么”，实际上就是回答“人是什么”、“人性是什么”。人是什么，谁见过人？谁也没有见过不是张三也不是李四、不大不小、不中不外、不老不少、不男不女……这样抽象的人。人们日常生活中所见的人都是具体的人，老人、小孩，男人、女人，中国人、外国人都是具体的人。哲学上所讲的人的概念，就是把所有的人中最主要的共同特点概括出来，即将人的本质抽象出来，告诉人们“人是什么”。所有具体的人的共同的本质是他们的社会性。人是社会关系中的人，是社会的人，社会性就是人的本质。正是由于人的社会性，才使人同其他动物区别开来，因为其他的动物都没有社会性。

无论是唯心主义，还是旧唯物主义，都没有把人类社会看成是一个人类历史活动的实践共同体，没有把人看成是社会关系的总和，都是从孤立的单个人出发来抽象出人的本质，因而不可能正确解释人的本质问题，不可能正确说明“人是什么”的问题。

物可以单独存在，如一块石头、一颗钉子、一座楼房……都可以作为个体而存在，一堆石头是石头，一块石头也是石头，当然不能否认物之间没有关系，但这种关系是纯自然界的物质联系。动物也可以单独存在，如一只鸟、一头牛、一条鱼……一群鱼是鱼，一条鱼也是鱼，当然不能否认动物种群的相互依赖关系，但这种关系是被动的、纯自然性质的关系。物的根本属性可以是这个物的个体本身所固有的抽象物，当然这种根本属性也必然是在同他物的比较中才表现出来的。比如说一棵树是桃树而不是李树，那么从单棵桃树同单棵李树的比较中就可以发现桃树的特征。人则不然，个体的人只能存在于社会关系之中，离开社会关系，个体的人便不能存在，不成其为人，单独的个人是无法生存的，从单个人同单个人的比较中找不到人的本质特征，抽取不出人的本质来。人不同于物，人的本质绝不是“单个人所具有的抽象物”，只有从人所生活的社会关系中才能抽象出人的本质。

为什么不可以从单独的、孤立的个人抽象出人的本质呢？马克思主义全新的历史观，从根本上纠正了费尔巴哈及其旧哲学认识人的本质的错误的方法论。

马克思认为，费尔巴哈哲学的错误在于，撇开历史的进程，孤立地观察宗教感情，并假定存在一种抽象的、孤立的人类个体。他只能把人的本质理解为“类”，理解为一种内在的、无声的、把许多个体纯粹自然地联系起来的共同性。费尔巴哈不懂得革命实践的作用，因而把人与人、人与自然的关系单纯地理解为自然关系，而不能正确地理解为实质上的社会关系。这样一来，人就成为只通过自然关系，而不是通过社会关系联系起来的，远离现实生活的，毫无社会差别的一般的人，把个人之间的联系归结为单个人的自然地、动物式地联系起来的自然共同体。费尔巴哈只能从单个人，最多是从“类”中抽象人的本质。脱离社会关系的人是抽象的人，因而费尔巴哈实际上是从人的抽象概念中抽象人的本质。人们在实践中必然形成各种各样的社会关系，社会关系在本质上也是实践的。人与自然的关系，只有通过社会关系才能相互发生作用，离开了社会关系，人与自然的关系就是动物式的受制于自然的被动关系，而不是人改造自然的主动关系。不理解实践的意义，就不能理解人与人的社会关系，就不能理解人与自然的关系。人的实践创造了社会关系，人就是实践所创造的社会关系的总和及其产物。任何孤立的个人无法实施社会实践。人是作为整个实践的总体而存在的。人们在实践中所必然形成的各种各样的社会关系决定了人成其为人，人的本质存在于社会关系中，而不是存在于单个人中，把物的本质的抽象方法用于人的本质的抽象是根本行不通的。关注人，就要关注人所处的社会实践，关注人所处的社会实践的社会关系，而改造人，则要改造人的社会实践的社会关系，对整个社会关系总和进行科学的抽象。只有运用马克思主义的科学方法论，运用实践概念，才能认识什么是人、什么是人类社会、什么是人性、什么是人的本质。

解决了对人的本质的科学认识，才可以进一步说明人的价值、人的自由、人的解放和人的全面发展等人生的一系列重大问题。

——**什么是人的价值？**关于人的价值，不同的立场、不同的世界观和人生观，评价的标准也不一样。立场不同、世界观不同，从而价值观不同，人生观也不同。用马克思主义世界观和人生观对人的价值作评价，那么一个人首先应当考虑自己活着对国家、对民族、对集体、对他人有没有用，有没有好用处，这是正确的社会价值观；对社会有价值，才能实现个人的自我价值，人活得才有意义，这是正确的自我价值观。不同的价值观对人的社会价值和自我价值取向不同，**马克思主义价值观是人的社会价值与自我价值相统一的价值取向，是崇高的价值观。**

——**什么是人的自由？**自由是相对必然而言的。恩格斯认为，承认客观必然性是自由的前提，客观规律、自然界的必然性是第一位的，人的意志自由是第二位的，后者依赖、适应前者，只有首先承认必然性，才能谈得上进一步去认识和把握必然性。必然是客观的，同时又是可知的。**自由就是对必然的认识，人对必然的认识越深刻，行动就越自由。人的自由是对必然的认识和对客观世界的改造。人的自**

由就是人在社会活动中通过认识和利用必然所表现出来的一种自觉、自为、自在的状态。人的自由的实现程度是同人对必然的认识水平和对必然世界的改造水平相一致的。自由是随着人们在社会实践中对客观规律的认识不断发展而发展的，在各个历史发展阶段，人对客观必然性的认识和支配是有限度的，人对必然的认识与实践是受必然条件制约的，超出必然性限度的范围和程度去寻求自由是不可能的，必然是自由的限度。

自由是一个历史的、具体的、相对的概念，没有绝对的、一成不变的、超时空的自由，自由都是一定必然条件下的自由。在不同的历史条件下，自由的具体内容是不一样的。在奴隶社会，争取奴隶的自身解放就是自由；在资本主义社会，争取工人阶级的自身解放就是自由。从来没有绝对的、永恒的、不受任何限制的自由。在阶级社会中，自由是有阶级性的，自由是受一定社会历史条件限制的相对自由。自由相对于纪律而言，二者是一对矛盾，没有纪律也就没有自由。任何人在考虑个人自由的时候，应该考虑到个人自由对他人有没有妨害，是不是影响了他人的自由。

——**什么是人的解放和人的全面发展？**人的全面发展与人的自由是不可分割的，人追求自由的过程也就是人的全面发展的渐进过程，自由的不断实现也就是人不断趋向于全面的发展。人的自由全面发展的前提是人的解放，人只有真正成为自己的主人，成为社会的主人，成为自然的主人，不受阶级的束缚，这才是人的最终解放，即全人类的解放。**人的解放必须以阶级解放为前提，以工人阶级自身的解放为前提，以逐步消灭私有制、消灭阶级为前提。**工人阶级没有自己的私利，只有解放全人类，工人阶级才能最后解放自己。人的最终解放就是消灭私有制，实现共产主义。逐步消灭私有制，实现工人阶级和劳动人民群众的自身解放，这是人的解放的第一步，也是人的自由全面发展的必要条件。

总之，任何个人都是受一定社会存在条件制约的，人是社会关系的产物。只有从社会关系（首先是经济关系）出发，才能科学地说明现实的人及其人性，才能科学地说明人的价值、自由、民主、解放等问题，而不是相反。只有解决了对“人是什么”的科学解读，才能说明人生的一切问题，才能确立正确的人生观。

二、生从何来

——人是上帝创造的吗

在《圣经》的开篇，讲述了一个著名的上帝创造世界和人的故事：

在宇宙天地尚未形成之前，黑暗笼罩着无边无际的空虚混沌，上帝那孕育着生命的灵运行其中，投入其中，施造化之工，展成就之初，使世界确立，使万物齐备。

上帝用七天创造了天地万物。这创造的奇妙与神秘非形之笔墨所能写尽，非诉诸言语所能话透。

第一日，上帝说："要有光！"便有了光。上帝将光与暗分开，称光为昼，称暗为夜。于是有了晚上，有了早晨。

第二日，上帝说："诸水之间要有空气隔开。"上帝便造了空气，称它为天。

第三日，上帝说："普天之下的水要聚在一处，使旱地露出来。"于是，水和旱地便分开。上帝称旱地为大陆，称众水聚积之处为海洋。上帝又吩咐，地上要长出青草和各种各样的开花结籽的蔬菜及结果子的树，果子都包着核。世界便照上帝的话成就了。

第四日，上帝说："天上要有光体，可以分管昼夜，作记号，定节令、日子、年岁，并要发光普照全地。"于是上帝造就了两个光体，给它们分工，让大的那个管理昼，小的那个管理夜。上帝又造就了无数的星斗。把它们嵌列在天幕之中。

第五日，上帝说："水要多多滋生有生命之物，要有雀鸟在地面天空中飞翔。”上帝就造出大鱼和各种水中的生命，使它们各从其类；上帝又造出各样的飞鸟，使它们各从其类。上帝看到自己的造物，非常喜悦，就赐福这一切，使它们滋生繁衍，普及江海湖汊、平原空谷。

第六日，上帝说：“地要生出活物来；牲畜、昆虫、野兽各从其类。”于是，上帝造出了这些生灵，使它们各从其类。

上帝看到万物并作，生灭有继，就说：“我要照着我的形象，按着我的样式造人，派他们管理海里的鱼、空中的鸟、地上的牲畜和地上爬行的一切昆虫。”上帝就照着自己的形象创造了人。

上帝的本意是让人成为万物之灵，就赐福给他们，对他们说：“要生养众多，遍满地面，治理地上的一切，也要管理海里的鱼、空中的鸟和地上各样活物。”

第七日，天地万物都造齐了，上帝完成了创世之功。在这一天里，他歇息了，并赐福给第六天，圣化那一天为特别的日子，因为他在那一天完成了创造，歇工休息。就这样，星期日也成为人类休息的日子。

“造化钟神秀，阴阳割分晓。”上帝就是这样开辟鸿蒙，创造宇宙万物的。

其中，造人是上帝最后的、也是最神圣的一项工作。最初的时候，天上尚未降下雨水，地上却有雾气蒸腾，滋生植物，滋润大地。上帝便用泥土造人，在泥坯的鼻中吹入生命的气息，就创造出了有灵的活人。上帝给他起名叫亚当。但那时的亚当是孤独的，上帝决心为他造一个配偶，便在他沉睡之际取下他一根肋骨，又把肉合起来。上帝用这根肋骨造成了一个女人，取名叫夏娃。

上帝把夏娃领到亚当跟前，亚当立刻意识到这个女人与自己生命的联系，他心中充满了快慰和满意，脱口便说："这是我骨中的骨，肉中的肉啊！可以称她为女人，因为她是从男人身上取出来的。"男人和女人原本是一体，因此男人和女人长大以后都要离开父母，与对方结合，二人成为一体。

亚当的含义是"人"，夏娃的含义是"生命之母"。按希伯来《旧约圣经》的说法，他们是人类原始的父亲和母亲，是人类的始祖。这就是著名的上帝"创世说"。

实际上，自从地球上出现了人类，关于"生从何来"——人类自身起源问题的探究，就一直深深地困扰着人自身。当然，人类对于这一问题的认识很丰富，并经历了一个漫长的历史过程。在世界各民族早期的历史上，都曾有过关于人类起源的各式各样的神话和传说。例如，与上述西方世界的"神创说"相呼应，中国古代也有女娲氏捏土造人的传说。在古代埃及和其他一些民族，也有过大致类似的神话传说。

《旧约圣经》所记载的神造世界和上帝造人说，在中东和西方影响巨大而深远，并随着西方文明而影响了世界上其他地区。这一学说与后来的一些哲学理论，例如亚里士多德（Aristotle，前 384—前 322 年）提出的“第一动因”，都坚持认为人和世界是神所创造的。他们一直用“神造世界”以及“神造人类”来回答人“生从何来”的问题，认为人和世界都是受造物，人是因上帝的存在而存在的；他们认为，人是上帝创造的，人生的意义和目的也就都是由上帝所预定的。人只要信仰上帝，属于教会，遵守上帝和教会的诫命，便能完成人生的意义和目的，便能最后回归上帝处。

长期以来，“神创说”这类荒诞的说教和其他类似的迷信说法，虽然从来没有经过严格的验证，但一直根深蒂固，禁锢着人们的头脑，左右着人们的思维。在漫长的奴隶社会和封建社会里，虽然有不少杰出的思想家试图用物质世界本身的原因说明人类的起源，但是，由于他们缺乏科学的根据作为支撑，都未能从根本上动摇“神创说”在思想上的统治。因此，人们一直以上述宗教的或唯心主义的历史观作为思考的基础，形成的是唯心主义人生观。

随着文明的进步，关于人类起源问题的探讨也从原始的神话、宗教，逐渐向理性和科学的解释演进。

在西方，伟大的文艺复兴之后，接着发生了宗教改革、启蒙运动，这些思想运动都在一定程度上反对神造人类的人生观，认为人类起源的问题应该交由科学来处理。

自然科学观点普遍认为，人生从何来的问题，不该由宗教去处理，而是要用科学加以解答。

近代自然科学兴起后，法国的拉马克（Lamarck，1744—1829年），英国的达尔文（Darwin，1809—1882年）、赫胥黎（Huxley，1894—1963年）、德国的海克尔（Haeckel，1834—1919年）等一大批科学家开始对人类起源问题进行科学的探讨和论证。这其中，最有影响的当属达尔文提出的物种进化论。

达尔文对人类起源问题研究，在总结前人和同时代人研究成果的基础上，于1859年提出了著名的“人猿同祖论”。他认为，人是从某种古猿进化来的，人类和现代类人猿有着共同的祖先。猿进化到人的过程和一般动物的进化过程都是自然选择的结果。物质世界和人源始于原始物质，由物质而生命，由生命而意识，由意识而精神。

达尔文的进化论摒弃了“上帝”为最高原因的假说，认为进化才是万事万物的起源。它依据解剖学、胚胎学和人类残迹器官等方面的大量材料，论证了人类并非自古就有，也非神的创造，而是通过变异、遗传和自然选择从古猿进化而来的，从而系统地说明了人类起源和形成的自然历史。达尔文的进化论不仅在自然科学领域，而且在人文科学领域都引起了巨大反响。在当时的历史环境下，从根本上改变了对“人从何来”问题的看法。它第一次以科学的名义彻底否定了“神创造人”这一根深蒂固的教义，肯定了人是生物进化的自然产物，猿猴是人类的直接祖先。

达尔文的生物进化论对自然界历史的发展规律做了成功的探索，具有划时代的意义。但是，他只是从纯粹生物进化的观点考察人的问题，还不能彻底说明人类是怎样从动物界分化出来的。即是说，仅仅通过自然选择，还不能充分说明人类的产生。对人类起源问题进一步从社会的本质和基础作出正确解释的是马克思和恩格斯。

马克思、恩格斯认为，人“生从何来”的问题，不仅是一个自然科学问题，而且是一个社会科学问题，归根结底，是一个重要的哲学问题。因为它关涉到人类的生存价值和意义、人类的行为规范和思维方式，以及人类的发展方向等深层问题。只有从唯物主义历史观出发，才能真正说明人和人类社会的产生和发展。

马克思、恩格斯在自己的著作中，多次谈到人类的社会本质以及劳动在人类形成中的决定性作用。恩格斯在 1876 年所写的《劳动在从猿到人转变过程中的作用》中，更是明确提出并全面论证了“劳动创造人”的原理。恩格斯指出：劳动“是整个人类生活的第一个基本条件，而且达到这样的程度，以致我们在某种意义上不得不说：劳动创造了人本身”[2]。这一结论不断地为考古学、古人类学等方面的大量发现和事实所证实。

人类的祖先是一种在森林中生活的古猿。它曾经是地球上最高级的动物。从已发现的古猿化石可知，古猿的前肢较短，后肢较长，具有向直立行走发展的有利条件；它的脑较大，也比其他动物发达。但是，古猴和自然界的其他动物一样，只具有受本能驱使的活动能力。虽然某些动物的某些本能活动可能达到相当精巧的程度，但是，它与人类劳动之间存在着本质的区别。例如，人类劳动是有目的、有计划的自觉活动，活动的结果事先已在人的观念中存在；而动物受本能所驱使的活动是无意识的，它们不可能事先“观念地”制造出活动的结果来。再如，人类劳动是人对自然界的主动、积极的改造，人类通过劳动来支配自然界，并在自然界打下自己意志的烙印；而动物的本能活动则仅仅是适应自然界，单纯以自己的存在使自然界发生改变。又如，人类劳动从制造工具开始，制造和使用劳动工具是人类劳动必然的、普遍的要素；而动物无所谓使用“工具”，如果说有“工具”，一般说来也只是它们的躯体（如爪、牙等），某些动物偶尔也使用自然界现成的工具，但它们永远制造不出哪怕是极粗笨的石斧来。劳动是人类区别于包括猿群在内的其他动物的特征，而制造工具则是人类不同于动物本能活动的根本标志。

当然，在人的劳动与古猿的本能活动之间，并不存在不可逾越的鸿沟。使猿转变为人的劳动不是历史上既成的东西，而是从古猿的本能活动中萌发、生长和成熟起来的，是在猿转变为人的演化过程中逐渐形成的一种活动形式。而人类的各种基本特征的形成都是与这一过程分不开的。大约在 2000 万—3000 万年前的中新世，由于大地和气候条件的巨大变化，森林面积减缩，古猿不得不由树栖生活逐渐改为地面生活。新的环境和生活条件使古猿适应地面生活的变异特征，在生存竞争和自然选择中通过遗传逐步积累和巩固起来。它们的后肢渐渐专门用来支撑身体和行走，开始“直立行走”，这在古猿转变为人的过程中是具有决定性意义的一步。由于直立行走，前肢得到了解放，古猿慢慢学会利用前肢把自然界某些现成的物体（如石块、树枝等）当作工具，进行获取生活资料的活动，这是一种动物式的带有本能性质的劳动。虽然古猿在这时还不能制造工具，动物式的本能劳动还没有超出动物本能活动的范围，但是，它已包含着劳动的因素和向人类劳动转化的趋势。它是从动物本能活动过渡到人类劳动过程中的一个重要的中间环节。这种活动方式逐渐成为习惯，促进了古猿前后肢的进一步分化，使前肢逐渐变为更灵活、更精巧的手。

直立行走和手脚分工，造成了古猿的身体结构和心理素质的一系列变化。直立姿势有利于脑髓的发展，由此而来的视听范围的扩大，不断促进着脑组织的复杂化。原来过着群居生活的猿类由于劳动的发展，各成员之间的共同协作、相互帮助越来越必要，以至于到了彼此之间有些什么非说不可的地步；同时，日益扩大和复杂化的自然对象及其属性也迫使人类祖先必须作出更高级的反应。于是，出现了最初的语言和思维，并不断在劳动过程中得到发展。在同一过程中，人类祖先也逐渐由利用现成工具发展到学会制造工具，由本能式的劳动演化为自主的创造性的劳动。经过千百万年的演化，经历了亦猿亦人、亦人亦猿的若干过渡阶段，大约在300 万年前，人类和人类社会在地球上正式诞生了。

可见，在人和人类社会的产生过程中，人的劳动实践活动起到了根本作用，劳动成为使人和动物区别开来的最终力量。从归根结底的意义上可以说，“劳动创造了人”。恩格斯进一步指出：“脑和为它服务的感官、越来越清楚的意识以及抽象能力和推理能力的发展，又反作用于劳动和语言，为这二者的进一步发展不断提供新的推动力”。“由于随着完全形成的人的出现又增添了新的因素——社会”。[3]

总之，马克思主义历史观摒弃了上帝创造世界和人之类的荒谬说法，给予了“生从何来”以科学的解答。“生从何来”，其实是人类的“终极追问”，是世界不同文化、艺术、神话、哲学和宗教的共同母题。当然，这并不是全部的答案，我们还不能停留于此。今天，我们要将关于“生从何来”这一人类的接力追问，从实践和理论的结合上拓展到生命现象、人生目的、人生价值……使人们越来越科学和理性地认识人自身。

三、死归何处

——“生的伟大，死的光荣”

刘胡兰，1932 年 10 月 8 日出生于山西省文水县。年仅 10 岁，她就参加了儿童团。1945 年 11 月，刘胡兰参加了中共文水县委举办的“妇女干部训练班”，学习后担任了家乡云周西村妇女救国会秘书。1946 年 5 月，调任第五区“抗联”妇女干事；6 月，被吸收为中共预备党员，并被调回云周西村领导当地的土改运动。

1946 年秋，国民党军队大举进攻解放区，文水县委决定留少数武工队坚持斗争，大批干部转移上山。当时，刘胡兰也接到了转移通知，但她主动要求留下来坚持斗争。这位年仅 14 岁的女共产党员，在已成为敌区的家乡往来奔走，秘密发动群众，配合武工队打击敌人。

1947 年 1 月 12 日，国民党军队突袭云周西村，刘胡兰因叛徒告密而不幸被捕。她镇静地把奶奶给的银戒指、八路军连长送的手绢和作为入党信物的万金油盒——三件宝贵的纪念品交给继母后，被气势汹汹的敌人带走。在敌人的威逼利诱面前，刘胡兰不为所动，坚贞不屈。她被带到铡刀前，眼见匪军连铡了几个人，怒问一声："我咋个死法？"匪军喝叫："一个样。"她大义凛然地说："怕死不当共产党员！"她毫不畏惧，从容地躺在铡刀下。她以短暂的青春，谱写出永生的诗篇，以不朽的精神，矗立起生命的宣言。

1947 年 3 月下旬，毛泽东带领中共中央机关转战陕北途中，中共中央书记处书记、中央纵队司令员任弼时（1904—1950 年）向他汇报了刘胡兰英勇就义的事迹。毛泽东问："她是党员吗？"任弼时说："是个优秀的共产党员，才 15 岁。"毛泽东深受感动，为女英烈刘胡兰挥笔题写了"生的伟大，死的光荣"八个大字。

遗憾的是，在紧张的战斗中，题词不幸丢失了。现在所见的八字题词，是毛泽东在 1957 年烈士就义十周年之际重新题写的。

“生的伟大，死的光荣”，毛泽东的八字题词充分展示了马克思主义对待生与死的态度，典型地体现了马克思主义的死亡观。

死亡观是人对死亡的本质、过程和意义的根本看法和基本观点。死亡观具有世界观、人生观和价值观的意义。

谈论死亡，本质上是谈论人生。即是说，研究和认识死亡的目的是指向生存的，是为了人类能更好地生活。从哲学上重视死亡问题，探究死亡问题，思索死亡问题，关键是寻求人生之有限与无限、小我与大我的某种统一，理解不仅人之“生”是有意义、有价值的，人之“死”也同样有其特殊的意义与价值，从而获得生命的自由与死亡的尊严。这是建构科学合理的死亡观的基础。

生与死的问题，是人生观中最重要、最难解决的问题。死亡现象和生命现象一样，是一种对人来说非常普遍的现象。如果人们不能正确认识死亡，人们的生命就会一直笼罩在死亡的阴影中，死亡就是伴随人们一生的一个沉重的包袱。

实际上，有生就有死，无死就没有生，死是与生相对的东西。人作为一个有生命的个体是自然存在物，它与宇宙中的一切生命现象一样，必然是有生有死、有始有终的。任何人的自然寿命都是有限的，而且只有一次。人固有一死，这是任何人都要面临的一个问题。谁忽略了死亡，谁就是对自己的生命不负责任；谁要想消除死亡，谁就要首先消除自己的生存；否定和回避死亡，这样的人生是不完整的。追求长生久视、成仙成佛，不过是一种宗教唯心主义的幻想。

一般来说，人的死亡有两种层次，一种是肉体生命的死亡，另一种则是精神生命的结束。从自然属性来说，人的肉体生命的死亡是无法避免的，但从社会属性来看，精神的生命是可以延续的。人之所以不同于动物，最大区别就是人不像动物那样，以纯粹自然本能的生命物种代代繁衍而存在，而是以不断地发展自己而存在。这种人的生命的存在就是历史性的存在，就是文化的存在。人类以文化的方式去把握世界，就形成了人的文化世界的生活。

面对自身死亡必然性的客观事实，人的心灵世界时常会受到一种剧烈的震撼，恐惧与绝望就是这种情感颤动的具体表现。正是基于这种恐惧、绝望的惧死情感，人类衍生出了诸如悲观主义、厌世主义等错误的人生观以及世界观。例如，在叔本华（Schopenhauer，1788—1860 年）看来，正因为人必有一死，因此人生不仅是矛盾的、空虚的、无价值的，而且也是十分痛苦的。作为人之本质的生命意志，是一种盲目的欲求和为满足欲求而进行的挣扎，这是导致人生痛苦的深刻根源。叔本华说：“人生是在痛苦和无聊之间像钟摆一样的来回摆动着，事实上痛苦和无聊二者也就是人生的两种最后成分。”[4]

对待死亡，也有一种积极的、向上的、达观的死亡观。美国小说家海明威（Hemingway，1899—1961 年）写作的《老人与海》就表现了这样一种对待死亡的积极态度。《老人与海》描写的是一场人与自然搏斗的惊心动魄的悲剧。老人每取得一点胜利都付出了惨重的代价，最后遭到无可挽救的失败。但是，从另一种意义上说，他又是一个胜利者。因为，他从不屈服于命运与死亡，无论在多么艰苦卓绝的环境里，面对死亡，他都凭着自己的勇气、毅力和智慧进行了奋勇的抗争。海明威塑造了一个百折不挠、坚强不屈、敢于面对暴力和死亡的“硬汉子”形象。在这部小说中，他所塑造的硬汉形象表达了一个人战胜死亡的态度。

同样是死亡，却存在着不同的“死法”。英雄与懦夫、千古留名与遗臭万年的分界线，就往往取决于对待死亡的态度。中国的古训“临难毋苟免”，讲的是气节，也是对待死亡的态度。在各种死亡中，最壮烈最感人的是为事业、为正义而献身，以视死如归的勇气直面死亡。中国古代民族英雄文天祥（1236—1283 年）的名句“人生自古谁无死，留取丹心照汗青”，可以说是对死的认识的最高境界，是对死的意义理解的通达至极，是以对自然规律与历史价值认识为依据的一种积极的人生态度。

在现实社会中，对死亡的必然性与偶然性、灵魂的毁灭性与不可毁灭性、人生的有限性与无限性、死亡和永生的个体性与群体性理解的困惑，很多人都会面临。其实，生与死作为生命活动的两极本身就是对立统一、密不可分的，不能片面地把死亡理解为对生命的否定，换个角度来说，死亡也是对生命的肯定，它为生命确立永恒的价值和意义。我们应该把人的有死性和不朽性、死亡的必然性与人生的自由性辩证联结，把个体小我的有限性与群体生命大我的无限性辩证联结。

人类堪称这个浩瀚宇宙、美丽星球上的一种绝妙的精灵。对于人来说，生命只有一次，生命丢失了就无法再找回来。因此，人类生活的全部意义就在于使这唯一的生命活得有价值、有意义。在个体的层面上，每个人都有唯一的生命，这唯一的生命都是有限的，并且最终都会面临死亡。在这一点上，生命没有本质的区别，最多只是在活的时间长短上量的差异。但在社会层面上，每个人的生命却会呈现出完全不同的社会价值和社会意义。高质量的生命，应该是为社会和他人作出更多、更大贡献；反过来，低质量的生命必定是个人索取大于个人贡献。

辩证法是理解生与死的钥匙。毛泽东说：“人总是要死的，但死的意义有不同。”[5]毛泽东将死称为辩证法的胜利。同样是生，有的生的伟大，有的却苟且偷生；同样是死，有的死的光荣，有的却死的窝囊。“为人民利益而死，就比泰山还重；替法西斯卖力，替剥削人民和压迫人民的人去死，就比鸿毛还轻。”[6]这是马克思主义死亡观的精辟概括，表达了马克思主义死亡观与以往哲学死亡观的本质区别，是以往哲学家思考死亡所不能达到的境界和高度。所以，人只有正确认识了死亡，认识到死后生命的不存在，确立为人类工作、全心全意为人民服务的价值观和人生观，才能把生活的重心转移到现实人生的关注上来，把精力放在社会现实中，积极主动地承担自己应有的社会责任，更好地工作和生活，更多地为社会、为人民的利益奉献自己，实现自己人生的价值。只有这样，才能提高个体有限的生命时间，凸显其生命存在的意义，最终实现生命的最高价值。

四、应做何事

——钢铁是怎样炼成的

“人最宝贵的是生命，生命属于每个人只有一次。人的一生应当这样度过：回首往事，不因虚度年华而悔恨，也不因碌碌无为而羞愧，临终时能说：我的整个生命和全部精力都献给了世界上最壮丽的事业——为人类的解放而斗争。”凡是看过《钢铁是怎样炼成的》这本书的人，无不被生长在极其艰苦、战争不断的环境中，始终与挫折困难作斗争的保尔·柯察金所折服，为他这句精彩的名言所感动，许多人还将之确立为自己人生追求的座右铭。保尔·柯察金之所以选择这样做，来源于他对生活的正确看法，来源于他正确的人生观。在困难面前坚持理想不退缩，对未来对自己充满信心，遇难事不胆怯，相信自己。像保尔·柯察金那样，为了理想坚强地去面对和战胜一切困难，才能磨炼出自己的意志力，成为像保尔·柯察金那样活得有价值和意义的人。

保尔·柯察金的原形、保尔·柯察金形象的塑造者奥斯特洛夫斯基（Ostrovsky，1904—1936 年）不仅是这样写的，也是这样做的。在他的一生中，在他的写作中，恰恰表现了对待“应做何事”，即人怎样度过一生才有意义的正确态度。

奥斯特洛夫斯基，苏联作家，出生在乌克兰一个贫困的工人家庭。他 12 岁开始工作，1923 年到 1924 年担任乌克兰边境地区共青团的领导工作，1924 年加入共产党。由于长期参加艰苦斗争，他的健康受到严重损害，到 1927 年，健康情况急剧恶化，但他毫不屈服，以惊人的毅力同病魔作斗争。同年底，他着手创作一篇关于科托夫斯基师团的“历史抒情英雄故事”，即《暴风雨所诞生的》。不幸的是，唯一一份手稿在寄给朋友们审读时被邮局弄丢了。这一残酷的打击并没有挫败他的坚强意志，反而使他更加顽强地同疾病作斗争。

1929 年，他全身瘫痪，双目失明。1930 年，他以自己的战斗经历为素材，以顽强的意志开始创作长篇小说《钢铁是怎样炼成的》。小说获得了巨大成功，受到同时代人的真诚而热烈的称赞。1934 年，奥斯特洛夫斯基被吸收为苏联作家协会会员。1935 年底，苏联政府授予他列宁勋章，以表彰他在文学方面的创造性劳动和卓越贡献。1936 年 12 月 22 日，由于重病复发，奥斯特洛夫斯基在莫斯科逝世，年仅 32 岁。1940 年位于索契的奥斯特洛夫斯基故居改建为国家博物馆。

《钢铁是怎样炼成的》是一部激励了无数人的佳作，问世以来长盛不衰。究其原因，除了它真实而深刻地描绘了俄国十月革命前后苏联乌克兰地区的广阔生活画卷外，更在于它塑造了以保尔·柯察金为代表的一代英雄的光辉形象，告诉人们应当怎样度过自己的一生。

在我们现实的生活中，并不是要人人都去做伟人、立大功、做大事，而是希望人人都可以以平常心做平凡的人，认认真真地做好于人民有益的平凡事。历史是人民群众创造的，也就是说历史是由无数的平凡人创造的。当然，这不是说做个平凡人就是平庸，没有理想和抱负。其实，能够真正做个平凡人，本身就是不平凡的。所有能成大事者，都是从小事做起，但最后所谓的“英雄”，除了他本身的努力外，还和他所处的环境息息相关。

对于人生应做何事的问题，我们首先要通过正确认识人与社会的关系、人与人的关系，才能得到解答。认识自己不是一件容易的事。世界上没有一个完全与他人没有关系的人，凡是具体个体的人的存在，总是和社会、和他人有关联的。一个人如何去认识和对待社会、他人，也就是他如何认识他自己。

人之为人，很大程度上是由社会因素所决定的。个人的活动既是一个生命的自然过程，又是社会实践的历史过程。在这个历史过程中，每个人都不是孤立存在的，他的活动都面临着个人与社会的关系问题。因此要从社会关系入手分析人们所处的经济地位、政治地位等方面，只有如此才能认清人的本质和价值所在，进而做该做的事，成为幸福的人。

个人对社会的贡献是社会发展和进步的前提和基础。社会的发展和进步，总是以一定的物质财富和精神财富的发展为基础的，而社会要满足个人生存和发展的需要，也必须首先把这些财富创造出来。为此，就要求每个社会成员承担应有的责任，进行创造性的劳动，作出更多的贡献。如果人人只想从社会获取，却不对社会作出贡献，这个社会就不可能存在和发展，个人的生存和发展也就失去了根本保证。社会发展的目的，就是为了实现人的全面自由的发展。只有这样，人类才能更好地走向理想的社会和美好未来。

社会对个人的尊重和满足，必须以个人对社会的贡献为基础。虽然衡量人生价值必须考虑到社会对个人的尊重和满足，但其主要衡量标准还是要看个人到底为社会做了些什么。所以，个人要实现人生的崇高价值，首要的还是积极地为社会发展作出贡献。

个人对社会的贡献是多方面的。在社会生活的各个领域，每个人只要对社会对人民作出了贡献，都是人生价值的体现。人类社会的发展，是千千万万的个人在物质文明、政治文明、精神文明等各个方面作出了贡献，才推动社会历史的前进。在社会急速变革的今天，我们坚持正确的价值判断，在自己的岗位上，在平凡的生活中，尽职尽责，奋发努力，开拓进取，这本身就是一种奉献和牺牲，就是一种不平凡，就是推动了社会的进步和发展。只有这样，一个理想的社会才终将会到来，人的解放才会实现，人们自由和幸福的生活才不会只是梦想。

五、人生观是指导人生的开关
——从“斯芬克斯之谜”说起

人生观是有关“人是什么”的观点。要弄明白这个问题，恐怕不能不谈到著名的“斯芬克斯之谜”。

斯芬克斯是希腊神话中的一个长着狮子躯干、女人头面的有翼怪兽。他坐在忒拜城附近的悬崖上，向每一位过路人出一个谜语，猜不中者就会被它吃掉。这个谜语是：“什么动物早晨用四条腿走路，中午用两条腿走路，晚上用三条腿走路？腿最多的时候，也正是他走路最慢、体力最弱的时候。”俄狄浦斯猜中了谜底——“人”。斯芬克斯因此羞惭地跳崖而死。

“斯芬克斯之谜”究竟包含什么丰富的内涵，人们有许许多多的解读。其中，涉及人究竟是什么、应该如何看待人生、应该如何度过人的一生？应该委身于一种什么样的生活方式，等等。而作为谜语的“斯芬克斯之谜”虽然深奥难解，却也仅仅只是触及了这些问题，而并没有真正弄清和彻底解决这些问题。要真正给这些问题一个答案，必须从哲学人生观的高度系统地进行思考。

对人生的系统化的思考、理论化的认识，或者说对人生的哲学思考，我们称为人生观。人生观是对人生的目的、意义、价值和道路的根本看法和态度。

人生观的问题说到底是做什么人即怎样做人的问题；如何评价人生的意义、怎样实现人生的价值，是人生观的基础；人为了什么，确立什么样的人生目的，是人生观的核心；选择什么样的人生道路，怎样对待人生征途上的困难和曲折，是人生观的行动体现。人生观包括了生死观、金钱观、权力观、事业观、婚恋观、苦乐观、荣辱观、幸福观，等等。

每个人都有自己关于人生的观念，即人生观。但人生观作为社会意识的重要组成部分，不是主观上自然形成的，而是来源于人们所处的不同时代，源于人们的阶级地位、生活境遇等不同的社会生活实践。

在阶级社会里，人生观是有阶级性的，不同的阶级会产生不同的人生观念。我们认为阶级社会中的人生观具有阶级性，要注意两个问题：一是剥削阶级的人生观核心是个人主义，但也并不是只讲个人主义，不倡导自我牺牲精神。任何剥削阶级中有远见的先进人物，都会提倡先公后私、大公小私、公而忘私。只不过他们讲的“公”是指统治阶级整体的、长远利益的“公”。二是人生观的阶级性只是指人生观的阶级属性，反映了某个阶级的利益及其意志，这不等于说该阶级的某个具体成员必定具备这种人生观。比如，我们党少数出身工农的党员，甚至党的个别高级干部，可以为了一己私利而背叛人民，而出身剥削阶级家庭的一些党员，也可能为了广大人民的利益而不惜牺牲个人的生命。

相对来说，人们在日常生活中自发形成的人生观，往往是不够系统、不很明确和不太稳定的。只有在一定哲学世界观、价值观基础上形成的人生观，才是系统的、明确的、稳定的人生观。只有有意识地去探讨人生的本质及其规律，有目的地规划、设计人生的最佳方案，从理论和实践上系统地思考人生的一系列问题时，那种自发的人生观才会转化为一种自觉的人生观。

当然，在人类历史上，曾出现过各种各样的自觉的系统的人生观。择其要者，主要有以下几种：

——享乐主义人生观。它从人的生物本能出发，将人的生活归结为满足人的生理需要的过程，追求感官快乐，认为最大限度地满足物质生活享受是人生的唯一目的。

——厌世主义人生观。宗教的厌世主义认为，人生是苦难的深渊，充满各种烦恼与痛苦，唯有脱俗灭欲，才能真正解脱。

——禁欲主义人生观。它将人的欲望特别是肉体的欲望看作一切罪恶的根源，主张灭绝人欲，实行苦行主义。

——幸福主义人生观。有人强调个人幸福是人生的最高目的和价值；也有人在强调个人幸福的同时，还强调他人幸福和社会公共幸福，认为追求公共幸福是人生的最高目的和价值所在。

——乐观主义人生观。它认为社会发展的前途是光明的，人生的目的在于追求社会的文明和进步，在于追求真理，对人生抱着积极乐观的态度。

这些人生观的立场不同、观点不一，并且各有侧重、各有短长，但是，它们都未能科学地说明什么是人、人为什么活着、人生的目的和意义是什么。例如，享乐主义人生观将追求感官快乐、最大限度地满足物质生活享受作为人生的唯一目的，这明显是一种剥削阶级的庸俗人生观。而禁欲主义和厌世主义人生观则相反，它过于悲观和消极，忽视或限制了人们正常的物质需求及其满足，它的极端发展，完全可能走向违背人性、反人民的方向。至于幸福主义人生观和乐观主义人生观，虽然其中包含着一定的合理成分，却没有发现真正实现人民幸福的规律，没有找到实现人民幸福的现实途径。

历史的车轮滚滚向前，行进到今天，人生的意义、价值和目的，更应该成为我们去深入思考的一个问题。我们应该以什么样的人生观去指导分析人生？什么样的人生才更有意义？如何才能使个人的发展和社会发展更加协调？一个有理想的人，应该看清历史发展的规律，树立正确的人生观，明确人生的意义、价值和目标，给个体的自我实现找到正确的方向，使个体的存在成为社会整体的一个和谐因素，做一个高尚的人，一个纯粹的人，一个有道德的人，一个脱离了低级趣味的人，一个有益于人民的人。

只有明确了这些问题，人们才能够正确地对待生活中遇到的各种事情，才能更好地处理自己与他人、个人与社会的关系，更好地融入到推进社会发展与进步中去。一个国家、一个社会，也需要更多有正确人生观的社会成员普遍认同的价值体系来维系，它是维系社会团结的精神纽带、推动社会全面发展的精神动力、指引社会前进方向的精神旗帜。树立正确的人生观，能够坚定人们的理想信念，提高人们的道德水平，激发人们为社会主义和共产主义的崇高事业而奋斗的勇气和力量。

结 语

人并不是神创的，而是“劳动创造了人”；人的本质不是抽象的，而是“一切社会关系的总和”。任何人来到这个世界上，生命都只有一次，难免会有一死，这是无法改变的自然规律。但是，人不应该就此悲观、沉沦，而应该努力将有限的生命活出精彩来、活出意义来，即要树立远大的理想，投身服务于绝大多数人利益的崇高事业，为社会主义和共产主义的实现而奋斗终生。

注 释

1 《马克思恩格斯文集》第1卷，人民出版社2009年版，第505页。

2 《马克思恩格斯文集》第9卷，人民出版社2009年版，第550页。

3 《马克思恩格斯文集》第9卷，人民出版社2009年版，第554页。

4 叔本华:《作为意志和表象的世界》，商务印书馆1952年版，第447页。

5 《毛泽东选集》第三卷，人民出版社1991年版，第1004页。

6 《毛泽东选集》第三卷，人民出版社1991年版，第1004页。

人生的航标和灯塔

——马克思主义人生观

马克思主义人生观就是共产主义人生观，是人类历史上最先进的人生观。它把人的生命活动历程看作认识和改造客观世界的过程，把消灭资本主义私有制、为绝大多数人谋利益、实现美好的共产主义，看作人生的崇高目的和最大幸福。至于个人生命的价值和意义，则在于对社会所尽的责任、对社会所作的贡献，在于全心全意为人民服务，像雷锋同志、白求恩大夫一样，无私地把自己的一切贡献给共产主义事业。

马克思主义人生观是指导人们观察人生、认识人生、指导人生的指南。马克思主义人生观是人生的航标和灯塔。只有树立马克思主义人生观，人们才能顺历史潮流而动，寻找到生活中的真善美，才能给人们实现人生价值指明正确的方向，使每个人把个人的命运、学习、工作、生活和祖国、人民的事业联系起来，真正找到人生的意义、价值和目标，过上越来越幸福的生活。

一、马克思主义人生观是科学的人生观

——雷锋精神对我们的启示

1963 年 3 月 5 日，我国各大主流媒体同时刊登了毛泽东同志亲笔书写的“向雷锋同志学习”的题词手迹，全国迅即掀起了学雷锋活动的滚滚热潮。雷锋（1940—1962 年）

这位伟大而平凡的普通一兵，走进了一代又一代人民群众的心中，成为践行马克思主义人生观、共产党人道德理想的伟大丰碑，成为体现中华民族传统美德的崇高楷模。雷锋精神具有极强的精神感染力和历史穿透力，虽然已近半个世纪，但雷锋精神依然是一面猎猎招展的旗帜，激励着社会进步，鼓舞着人们前行。

任何时代都需要一个或一群标志性人物，以寄托完美的精神存在。如果没有这样一个人物，时代就会创造出这样的人物来。雷锋就是这样应运而生的标志性人物，雷锋精神就是这样应时而出的马克思主义人生观的现实聚光。雷锋只是一个平凡而普通的名字，但是，雷锋精神却是一个伟大而壮丽的马克思主义人生观的坐标。

雷锋同志是把党的远大理想与现实目标、最高纲领和最低纲领高度结合起来的光荣典范，既树立了坚定不移的共产主义远大理想，矢志不渝地为共产主义而奋斗一生，又脚踏实地、一步一个脚印地努力做好实际工作，努力投入到现实社会主义建设中来，既有远大目标、坚定信念、崇高理想，又有当前目标，脚踏实地、努力工作。雷锋精神是共产主义远大理想和社会主义共同理想高度结合的思想结晶，体现了共产主义远大理想的实践追求，这正是雷锋精神能够立得住、叫得响的根本原因，也是马克思主义人生观的精华所在、根本所在。

今天，弘扬雷锋精神，就要像雷锋那样把追求远大理想同实现当前目标结合起来，做到志向远大、理想忠贞、笃信践行。胸怀远大的共产主义理想和践行当前要实现的奋斗目标是雷锋精神的精髓，也是树立马克思主义人生观的根本要求。雷锋是坚定的共产主义者。“学习雷锋好榜样，忠于革命忠于党，爱憎分明不忘本，立场坚定斗志强。”有了坚定的理想信念，也就找到了精神支点和力量源泉。

雷锋用实际行动告诉我们，人不能缺少理想信念，有了理想信念，才有人生的主心骨，才能找到人生的价值，才能找到人生的意义。雷锋从思想上坚信马克思主义、共产主义，胸怀共产主义的远大理想，是一个志存高远、追求卓越的人，但他又深刻懂得“千里之行，始于足下”的道理，从大事着眼，不以善小而不为。今天，向雷锋同志学习，就要既坚信共产主义远大理想，又树立中国特色社会主义共同理想；既忠于崇高远大的革命理想和奋斗目标，又要脚踏实地、扎扎实实地从我做起、从现在做起、从实事做起。注重道德实践，不断加强自身道德修养，不拒绝做小事，从自己做起，从本职工作做起，从身边人、身边事做起。雷锋精神虽然崇高，但又不是高不可攀的，每个人只要学都可以做到。雷锋之所以成为人民心中永生的英雄、永远的榜样，就因为他用实际行动展示了马克思主义人生观的力量。

有一种精神，穿越时空；有一种力量，激励你我。无论是热火朝天的社会主义建设时期，还是风云激荡的社会主义改革开放年代，雷锋精神总是追随时代进步和社会发展，不断与民族传统美德相承接、与社会进步潮流相契合、与党的先进本色相融合，越来越焕发出引领社会风气之先的独特魅力，成为全党、全社会、全民族共有的永不褪色、永不过时、永放光芒的宝贵精神财富。

“共产党人不屑于隐瞒自己的观点和意图。”[1] 为了实现自己的人生观点，马克思主义经典作家向全世界公开发表宣言，要树立和实践共产主义的伟大理想，为人类解放和人的自由全面发展而奋斗，始终全心全意为人民服务。实现了这样的马克思主义的人生观，“获得的将是整个世界”[2]。

——马克思主义人生观把为人民服务作为人生的宗旨。只有一切从人民的利益出发，尊重人民群众的主人翁地位，将个人的活动纳入人民群众的实践过程当中，才能充分发挥自己的聪明才智，从事有益于人民、有益于社会的进步事业。

——马克思主义人生观把实现共产主义作为人生的最高理想。马克思通过研究生产力和生产关系的矛盾运动发现了人类社会发展的规律，认为随着生产力的高度发展，人类一定会进入无限美好的共产主义社会。个人的理想应当和社会发展规律统一起来，把实现共产主义作为自己的最高理想。这样，在为理想的实现而努力工作的时候，就具有了崇高的意义。这样的人生才是高尚的人生。

——**马克思主义人生观是对以前人生观的扬弃**。马克思主义人生观摒弃了以往人生观的消极因素，而批判地继承了其合理成分。它立足绝大多数人的立场，在肯定合理的个人利益的前提下提倡爱国主义、集体主义和无私奉献精神，它把为绝大多数人谋利益与维护个体的利益辩证地统一了起来。

树立马克思主义人生观，在中国特色社会主义建设的具体实践中，就更能够关注人民群众的利益；在集体和组织中，更能够识大体、顾大局、克己奉公，不会为个人得失而斤斤计较，不会轻易陷入“自我中心”；就能够更为崇高的理想，以顽强的意志克服遇到的各种困难，不被矛盾所困扰，不向挫折屈服，不为冲突而忧虑；就能够更热爱自己的本职工作，积极努力作出成绩，奉献自己的价值。

历史的发展事实证明，在马克思主义人生观的指导下，把个人的理想和奋斗与社会历史的发展规律结合在一起的人生，是充实的和有意义的人生。以马克思主义人生观为指导，人们就能全面地回答人生道路上面临的一系列问题，正确处理各种矛盾，给人生指明奋斗的方向和光明的前途；就能在社会现实实践中，从生活中的点滴小事做起，以一种理性和诗意的方式，过上有尊严和幸福的生活，荡起幸福人生的双桨。

二、马克思主义世界观与人生观

——“砍头不要紧，只要主义真”

夏明翰（1900—1928年），字桂根，祖籍湖南衡阳县，1900年出生。1921年冬，经毛泽东、何叔衡介绍加入中国共产党。入党后，他在党领导的自修大学任教，并参与开展农民运动。1927年初，他到毛泽东主持的武汉中央农民运动讲习所工作，担任全国农民协会秘书长，兼任毛泽东的秘书。同年夏天，国民党发动反共政变，夏明翰调任新改组的湖南省省委委员兼组织部长。1928年3月18日，被叛徒出卖被捕。被捕后，他在拷打中只是怒斥审判官。他自知生命将要结束，忍着伤痛用半截铅笔给母亲、妻子、大姐分别写了三封信。在给妻子郑家钧的信上，他还留下了一个带血迹的吻印。被捕两天后即1928年3月20日的清晨，夏明翰被带到汉口余记里刑场。执行官问他有无遗言，他大喝道："有，给我拿纸笔来！"然后，挥笔写下了一首正气凛然的就义诗："砍头不要紧，只要主义真。杀了夏明翰，还有后来人。"这首就义诗当时就被人称作热血谱写的革命战歌，激励了无数后人为共产主义理想奋斗终生。

"砍头不要紧，只要主义真。"这深刻地说明，只有树立了马克思主义的伟大世界观，才能具有视死如归的人生观。

人生观与世界观是不可分的，联系十分紧密。人生观依赖于世界观。在世界观之外，不与任何世界观联系的、绝对独立的人生观是没有的。

世界观决定人生观，人生观决定人在社会生活中的言行，是人在社会生活中的行为准则。用什么样的世界观去观察和对待人生问题，就会产生什么样的人生观。

世界观人皆有之。人生活在世界上，总要和自己周围的人和事发生联系，受到各个方面的影响。人在社会实践中会逐步地认识各种事物，形成各种观念，以指导自己的行动。这样，人们就产生了对自然、社会、国家以及生死、道德、恋爱、婚姻、苦乐、是非、善恶、美丑等的看法，就产生了自然观、社会观、国家观、人生观、生死观、价值观、恋爱观、婚姻观、苦乐观、是非观、善恶观、审美观等，这就逐步形成了对世界事物的最一般的、总的看法，形成了贯穿一切的、起支配作用的最基本的观点，支配着人们的具体看法和行动，这就是世界观。

到西藏喇嘛寺去参观时，人们会看到许多虔诚的信徒五体投地，亦步亦趋，从很远很远的地方来朝拜。这些人为什么不辞辛苦、如此虔诚？因为在他们心目中，“佛”支配了他们一生的命运，他们不自觉地受神学世界观的支配。

中国共产党的优秀党员方志敏（1899—1935年）在敌人的监狱中写作了《可爱的中国》。他写道：“为着阶级和民族的解放，为着党的事业的成功，我毫不稀罕那华丽的大厦，却宁愿居住在卑陋潮湿的茅棚，不稀罕美味的西餐大菜，宁愿吞嚼刺口的苞粟和菜根，不稀罕舒服柔软的钢丝床，宁愿睡在猪栏狗窠似的住所……”方志敏烈士为什么有这样的生死观呢？因为他自觉地树立了马克思主义的世界观。

当前，在市场经济大潮中，在一些人中间流行的极端个人主义、拜金主义、实用主义、享乐主义、悲观厌世情绪，以及出现的物欲横流、道德沦丧等现象，同接受西方资产阶级世界观的支配和影响是分不开的。资产阶级世界观把人的本质看作自私的，从人的自私本质出发来解释一切社会现象，这种资产阶级的世界观决定并支配了个人主义人生观。

每个人都有世界观，但有自觉和不自觉的区分。那些拜佛的人是不自觉地受神学世界观的支配；而方志敏烈士却是自觉的共产主义战士，他写下的气壮山河的篇章和表现出来的英勇不屈的行动，是他的马克思主义世界观的自觉体现。

人生观也积极作用于世界观。一个人具有正确的人生目的，选择了正确的人生道路，追求积极向上的人生价值，就会选择科学的、正确的世界观。

不树立马克思主义世界观，就不会选择共产主义人生观；同样，解决了“为什么人”的问题，选择了为全人类幸福献身的人生观，也会促进一个人坚信和选择马克思主义世界观。

既然人人都受某种世界观的支配，那么问题就不在于要不要有世界观，而在于要有什么样的世界观，受什么样的世界观支配。世界观不同，人生观就不同，人们的思想面貌和行为表现就大相径庭。确立正确的世界观对于人生具有多么重要的意义！要确立正确的世界观，自觉地运用它来指导自己的行动，就需要学习马克思主义哲学。

马克思主义哲学是工人阶级的世界观，是人类认识世界和改造世界的强大的思想武器，是工人阶级政党制定正确思想路线的理论依据。学习马克思主义哲学，用马克思主义世界观去观察事物、研究问题、指导行动，可以帮助我们树立科学的世界观、价值观和人生观。马克思主义世界观是马克思主义人生观的理论基础。

——马克思主义世界观，可以帮助人们更好地认识社会

发展的规律，把握人生前进的方向，与历史进步趋势同行，做社会发展的促进派。马克思主义揭示了人类历史发展的客观规律，以人的自由全面发展为最高价值目标，是工人阶级政党制定路线、方针、政策的理论基础。社会历史是前进的，尽管有曲折、有险阻，但它发展的总趋势不会改变，资本主义终究要被社会主义代替，社会主义终究要过渡到共产主义，这是历史的必然，是客观的真理。人只有按照社会发展规律的要求，顺历史潮流而动，他的生活才有价值。这种科学世界观给了共产主义者为真理而斗争的坚定信念，引导他们把自己的命运、日常工作和社会主义与共产主义伟大事业结合在一起。只有从这里，才能真正找到人生的意义、人生的价值。学习马克思主义世界观能够帮助人们深刻领会党的路线、方针、政策的正确性，坚定中国特色社会主义的道路自信、制度自信和理论自信，努力为中国特色社会主义事业奉献自己的一生。

——**马克思主义世界观，能够帮助人们确立正确的利益观、价值观、人生观、审美观等，引导人们去寻找生活中的真善美，去实现人生的真正价值。**人们喜欢讲真善美，但只有马克思主义世界观才能正确解决真善美的问题。真与假，这是人们的认识关系问题。善与恶，这是社会生活中的道德关系的问题。美与丑，这是人们的审美关系的问题。现实生活中，既有真善美，也有假恶丑，这是客观存在的东西。就是在消灭了剥削制度的社会主义社会里，也仍然存在这个问题。如果没有科学的世界观，就不可能分清是与非、真与假、善与恶、美与丑。环顾我们的周围，青年朋友中不是还有人把假的当作真的、把恶的当作善的、把是的当作非的、把丑的当作美的吗？这一切说明，我们是多么需要科学的世界观作为自己的思想和行动的人生指南。

——马克思主义世界观，能够给人们提供科学的方法论，指导人们做好本职工作，为社会主义建设、为人类解放的伟大事业作出自己的贡献。

中国特色社会主义现代化是一项空前伟大的事业，又是艰巨复杂的事业。过去的经验、教训，需要总结、吸取；对人类社会发展规律、社会主义发展规律、共产党执政规律的认识还要不断深入，社会主义政治、经济制度还要不断完善，新情况、新问题层出不穷，等待我们去研究、去解决。除了马克思主义世界观，没有任何别的世界观、方法论能帮我们的忙，给我们提供正确的立场、观点和方法，指导我们唯物而又辩证地看问题，帮助我们克服实际工作中的主观主义以及思想方法的片面性，使我们在政治、经济、生产、生活、教育、文艺等各方面的人生事业中，尽量少犯错误，犯了错误也能很快得到纠正。

三、共产主义理想是最美好的人生追求

——“毫不利己，专门利人”的白求恩精神

诺尔曼·白求恩（Norman Bethune，1890—1939年）生于加拿大安大略省，是加拿大共产党党员，著名的胸外科医师，一位杰出的国际共产主义战士。他毕业于多伦多大学医科，曾任蒙特利尔皇家维多利亚医院胸外科医师、圣心医院胸外科主任。1936年，德意法西斯武装干涉西班牙革命时，他曾随加拿大志愿军到前线，为反法西斯的西班牙人民服务。中国抗日战争爆发后，为了支援中国人民的解放事业，他受加拿大共产党和美国共产党的派遣，率领由加拿大人和美国人组成的医疗队到中国支援抗战。

1938年初，白求恩大夫到达中国。他不仅带来了大批药品和医疗器械，而且带来了高超的医疗技术、惊人的组织能力，以及对中国革命战争事业的无限热忱。

从此，哪里有伤员，白求恩大夫就出现在哪里。他从来不惧怕困难和危险。在晋察冀的一次战斗中，他曾连续69个小时为115名伤员做手术。他的手术台曾经设在离前线仅仅五里地的村中小庙里。当时，大炮和机关枪在平原上咆哮着，敌人的炮弹落在手术室后面，爆炸开来，震得小庙上的

瓦片格格地响，但白求恩大夫却沉着冷静，不为所动，继续在小庙里紧张地手术。大家劝说他转移，他说什么也不肯。他说："离火线远了，伤员到达的时间会延长，死亡率就会增高。战士在火线上都不怕危险，我们怕什么危险？"两天两夜，他一直在手术台上工作着，直到战斗结束。

为了保住伤员的性命，白求恩大夫曾经把自己的鲜血输给中国战士。因为他是O型血，他愉快地称自己是"万能输血者"。他还拿出自己带来的荷兰纯牛乳与丹麦咖啡，亲自到厨房煮牛奶，烤馒头片，端给重伤员吃。看着伤员们"贪婪"地吃下去，白求恩的脸上露出了微笑。

1939年10月下旬，在涞源县摩天岭战斗中抢救伤员时，白求恩的左手中指被手术刀割破，后在给一个外科传染病伤员做手术时，不幸感染了"破伤风"。但他仍不顾伤痛，坚决要求去战地救护。他说："你们不要拿我当古董，要拿我当一挺机关枪使用。"随后，他跟随医疗队到了前线。终因伤势恶化，转为败血症，医治无效，于11月12日凌晨在河北省唐县黄石口村逝世，终年49岁。

白求恩大夫对工作极端负责任，对同志、对人民极端热忱。他以精湛的医疗技术，为中国的抗日军民服务，并培养了大批医务干部，为中国人民的解放事业，为国际共产主义事业，作出了卓越的贡献，贡献了自己的生命。12月21日，毛泽东同志有感于他的事迹，写下了光辉著作《纪念白求恩》。

国际共产主义战士白求恩“毫不利己，专门利人”的精神，是一座伟大而不朽的丰碑。它永远激励着中国人民乃至世界人民，坚定地追求共产主义理想，投身无产阶级和全人类解放的共产主义事业。

英国哲学家罗素（Russell，1872—1970 年）曾经说过：“人类由于对自身一直生活于其中的充满破坏和残酷的混乱世界的不满而梦想一个具有良好秩序的人类社会。这样的事古来如此。”[3] 人活在世上，当然要追求个人的美满幸福生活，但是，只有建立理想的社会，而且只有实现了社会理想，才能最大限度地使个人理想如愿以偿。理想作为人们的一种信念，鼓舞着人们为实现一定的目标而努力奋斗。

马克思主义的社会理想告诉人们，未来美好社会不仅消灭了阶级剥削和压迫，而且消灭了阶级本身；在新的制度下，社会生产力高度发展，产品极大丰富，能充分满足人们物质和文化生活的需要，实行各尽所能、按需分配，每个人的聪明才智可以得到充分发挥和运用，实现人类的真正自由解放。从这个角度来说，共产主义是人类历史上最理想、最完全、最进步、最合理的社会制度。

马克思主义的社会理想将实现人真正自由和解放的社会

主义和共产主义作为人类社会的发展方向，而追求真正的自由解放恰恰体现了人之为人的本性，在这个意义上，马克思主义的社会理想是能够指导人类社会发展实践的。作为真正关注和致力于实现人类自由和解放的学说，马克思主义的社会理想一直被追求社会进步的人们视为人类社会的发展方向，当作现实社会变革和实践的理论指导，希望按此社会理想进行变革现有社会的实践。一直以来，为实现共产主义理想，无数有理想的有识之士为之而努力不懈地奋斗着。

在马克思之前西方曾存在过各种各样的社会理想，它们都是从抽象人性出发，将社会理想理解为具有终极意义的社会制度。与马克思的社会理想相对照，它们不仅在具体内容上有所不同，而且在实质上存在根本区别。总结西方传统哲学对人的理解，主要有两种基本观点：一种是把人“物化”，归结为物质本性；另一种是把人“神化”，归结为精神本质。这两种观点都将人的本质理解为单一、前定、不变的抽象人性，看似对立，但他们的思维方式却是都把人性看作单一不变的本性，从而形成对人的基本理解。

从这样的思维方式出发，西方哲学史上形成了对社会理想的各种理解：从柏拉图（Plato，约前 427—前 347 年）的“理想国”到基督教神学的“千年王国”，再到启蒙思想家们以追求人的自由平等为根本目的的“共和国”，以及空想社会主义者的“乌托邦”。这些对社会理想的理解虽各不相同，但都认为社会应有一个最完善的存在状态、最理想的制度，并根据各自的理解作出了美妙的设想，并认为只有在那种状态下人才能成为最完善的人、人的本质才能得以实现。这是西方传统哲学以抽象人性论理解社会理想必然得出的答案。

与此相反，马克思主义的社会理想是现实的、存在于人的真实生活之中的，而非虚幻的、存在于哲学幻想之中的。马克思主义的社会理想与以往社会理想的区别不只是表现形式和具体内容上的不同，而是思维方式和根本理念的差异。马克思主义把共产主义看作最美好、最进步、最合理的社会制度。共产主义既是一种制度，又是一种运动。以实现共产主义理想为最终目的的无产阶级政党领导下的革命群众运动，就是社会主义和共产主义运动。马克思主义的社会理想不仅代表了工人阶级的利益，具有工人阶级的阶级性，而且代表了全人类的长远利益和共同利益，体现了工人阶级和最广大人民群众利益的一致性。在共产主义社会，生产力高度发展，物质财富极大丰富，人们的思想觉悟和道德品质极大提高，阶级对立和“三大差别”最后消失，全社会实行各尽所能、按需分配的原则，人人都可以过上美好而幸福的生活。

一个树立了崇高理想的人，就会为实现自己的目标而激发出为之奋斗的热情、勇气和毅力。我们可以因为梦想而忙碌，但不能因为忙碌而失去梦想。这就是为什么无数树立了共产主义理想信念的人，为实现共产主义理想，为使大多数人过上美好生活而不断追求，甚至献出自己一切的原因，这就是马克思主义的魅力所在。这也是马克思主义人生观与其他人生观，比如封建主义的人生观、小私有者的人生观和资产阶级的人生观的一个重要分水岭。

马克思主义人生观告诉我们，人活着必须有理想、有追求，而共产主义的理想追求是马克思主义人生观的核心。当下，加强精神力量的作用，最重要的就是在人民心中，在马克思主义人生观的指导下，构建共同的理想信念和远大的道德信仰。加强社会主义的思想道德建设，集中到一点，就是解决好全党全民族的理想、信念、信仰问题，即人活着到底追求什么、人生的精神寄托是什么。

1945 年毛泽东在《论联合政府》中讲到我们党的新民主主义革命纲领时，明确提出了党的共产主义最高纲领和远大理想。他说："我们共产党人从来不隐瞒自己的政治主张。我们的将来纲领或最高纲领，是要将中国推进到社会主义社会和共产主义社会去的，这是确定的和毫无疑义的。"[4] 毛泽东铿锵有力、义正词严的理想信念之言词掷地有声，向全人类宣布了中国工人阶级政党的最高理想和奋斗目标就是实现共产主义。马克思主义人生观所追求的理想信念就是共产主义远大理想和奋斗目标，这是建立在马克思主义对人类社会发展规律的科学揭示基础上的，承认不承认党的最高奋斗目标是科学社会主义与形形色色的空想社会主义的根本区别之一。理论的科学性决定了理想信念对人心的征服，理论的彻底性决定了信仰的坚定，正因为建立在彻底的科学的理论基础之上，共产党人才有坚定的理想信念和矢志不渝的价值追求。我们党的创始人和革命前辈之所以坚定不移地将中国新民主主义革命和社会主义革命大旗打到底，正是因为接受了科学社会主义的科学结论，正是因为树立了坚定的远大理想信念；无数先烈和革命志士之所以不怕流血牺牲、前赴后继，正是因为从理论上坚信马克思主义所揭示的真理，正是因为牢固树立了共产主义的远大理想。

马克思主义的理想与工人阶级的伟大实践是相统一的。共产党人的远大理想不是空洞的，是建立在科学理论的基础上，是建立在脚踏实地、一步一个脚印的实践奋斗上，是建立在现实基础上的。共产党人不仅有最远大的共产主义理想，还有一步一步达到最高理想的近期奋斗目标。远大理想决定党的最高纲领，近期奋斗目标决定党的最低纲领。党的最高纲领与最低纲领是辩证统一的。最高纲领体现为远大的共产主义理想，最低纲领体现为共产党人的近期奋斗目标。最高纲领是远大理想目标的具体体现，没有最高纲领，就会失去导向和动力，科学社会主义就会成为民主社会主义，工人阶级政党就会成为资产阶级政党；最低纲领是最高纲领的具体化，没有最低纲领，最高纲领就是空的，不能最广泛地团结一切可以团结的力量，动员人民不断向最终目标奋进。既要讲最高纲领，又要讲最低纲领。中国共产党人领导的新民主主义革命与中国资产阶级领导的旧民主主义革命，其根本区别在于最高追求目标的不同。中国共产党人领导的新民主主义革命只是社会主义革命的第一步，而社会主义革命的目的是最终建成社会主义，未来过渡到共产主义。正是中国共产党人将最高纲领与最低纲领、将远大理想与现实目标有机地结合起来，制定正确的路线、政策和步骤，才取得了新中国的建立、社会主义建设和改革开放的伟大成就。今天，我们党的最高纲领仍然是共产主义，而近期达到的目标就是中国特色社会主义。共产主义是远大理想，中国特色社会主义是共同理想，二者是完全一致的，理想与现实是完全一致的，这就构成社会主义核心价值体系的核心价值理念。这是决定我们每个人人生价值取向的思想导向。

四、以人的自由全面发展为宗旨

——马克思和“自由人联合体”

马克思主义人生观的核心问题，是实现人的彻底解放，使人成为“完整的人”“真正的人”“自由的人”；共产主义社会的本质是自由人的“联合体”，是“以每个人的全面而自由的发展为基本原则的社会形式”[5]。

1846年，马克思和恩格斯合写了《德意志意识形态》一书。在这本光辉著作中，他们用非常形象的语言，生动地描述了共产主义社会“每个人自由发展”的情形：“在共产主义社会里，任何人都没有特殊的活动范围，而是都可以在任何部门内发展，社会调节着整个生产，因而使我有可能随自己的兴趣今天干这事，明天干那事，上午打猎，下午捕鱼，傍晚从事畜牧，晚饭后从事批判，这样就不会使我老是一个猎人、渔夫、牧人或批判者。”[6]这是一段人们特别喜爱引用的经典名言，它体现了马克思和恩格斯关于共产主义的浪漫而科学的设想。由于消除了那种强制性的、固定性的分工，每个人作为个人参加共同体，个人的存在摆脱了对人与对物的依赖，成为独立的、有个性的个人，成为全面发展的自由、自觉的个人。

1848年，马克思和恩格斯在《共产党宣言》里更是明确指出：共产主义社会是一个“自由人的联合体”，“在那里，每个人的自由发展是一切人的自由发展的条件”。[7]

后来，在《资本论》中，马克思进一步指出，共产主义社会，是比资本主义“更高级的、以每个人的全面而自由的发展为基本原则的社会形式”[8]，是人类社会由“必然王国”向“自由王国”的飞跃。

在马克思看来，“人的解放”实际上就是把人的关系还给人自己，就是人类摆脱盲目而强大的自然力，以及异己对立的社会关系对人的限制和束缚，从而获得自由而全面发展的过程。人的自由而全面发展的最终目的，是使每个人的个性得到自由而充分的发展。这就表现为人在生活中自由支配自己的时间，进行自主的活动，形成自由而充分发展的个性。

马克思说，自工业革命以来，近代资本主义在不到一百年的时间里，比过去几个世纪创造的财富总和还要多。人类在无限的物质生产中，实现了对自然界的依赖性的某些超越。但人们发现，人类却忽略掉了生产力增长之外所有其他社会发展的价值追求。无限的物质欲望使得人类不断地突破自然界生态平衡的界限。自然，这一人类生息繁衍的家园，已成为一个仅仅不断满足人物质需求而被不断索取的地方。

大量的商品生产，个人的消费，已不仅仅是满足自我需要的手段，而异化成生产经营者为获取利润最大化而生产的手段，生产经营者通过对各种广告传媒的主导，不断诱导消费者接受他们可能实际并不需要的消费品。于是，无限制的消费导致无限制的生产，无限制的生产导致对自然物质资源的无限制掠夺。这种生产和生活方式不仅导致人类在生产力范围内和自然环境关系的恶化，也在生产关系领域造成人的异化。当今天我们面对着全球经济社会发展中，资本主义制度所导引的片面的经济发展和对物质金钱的追逐使人蜕化为工具，生态的破坏使自然灾害频发时，人们不由反思，这样发展怎么算得上是人自由而全面发展的人的解放？

关于人的解放、人的自由问题，西方哲学家们对人类生存现状及其未来展开了深入而广泛的探讨。康德（Kant，1724—1804 年）开始把人之“自由”真正理解为历史的必然，明确提出把整个人类历史理解为“人类意志自由的作用的整体”[9]。这一思想的充分发展，后来在费希特（Fichte，1762—1814 年）、谢林（Schelling，1775—1854 年）、黑格尔（Hegel，1770—1831 年）那里得到体现。但是，人的自由解放绝不仅仅是一个理论问题，而且是一个现实的实践问题。

与西方哲学家们对人的解放和自由进行抽象的哲学思辨不同，马克思指出，人与动物的根本区别是，动物的生存是一个自然的过程，而人可以借助社会实践，超越自然而获得自我的解放与自由全面发展。所以，人的发展就是不断走向人的解放和自由的过程，而这一历史过程就表现在人具体的历史的实践活动之中。共产主义就是在人的社会实践活动中，追求人的解放、自由而全面发展的历史过程。

马克思主义明确地把共产主义社会区分为第一阶段和高级阶段这两个既相互联系又相互区别的发展阶段。第一阶段为社会主义社会，第二阶段即高级阶段为共产主义社会。社会主义社会的建立，绝不意味着就是人的全面解放。这个阶段只是人的解放的起点，只是万里长征迈开的第一步。在这个阶段，由于社会生产力的发展水平制约，经济和社会发展等方面还存在诸多的不成熟或不完善之处，因此还不能达到人类社会的最高层次的解放。只有到了共产主义社会的高级阶段，才能实现物质财富的极大丰富、人民精神境界的极大提高、每个人自由而全面的发展，才能实现人类社会的最高层次的解放。

马克思主义把社会的发展规定为人的解放和自由的获得，所以人的解放和发展都要与社会发展有机结合在一起。在面对矛盾和解决矛盾的过程中，人类将始终坚持把关注现实人的解放、发展和未来作为发展的动力。这些矛盾主要包括人与自然的关系、人与人的社会关系。人的解放与发展，具体就表现在这些关系的变化与升华上。

只有正视矛盾才能解决问题。从今天人类所面临的问题来看，马克思首先肯定社会生产力在社会发展中的重要作用，生产力的发展为人类的解放与自由积累了宝贵的物质财富基础。生产力在社会基本矛盾构成中是起决定作用的方面，同时，随着生产力的发展，人也应该同时进步与发展，社会发展的最高目标是人本身的解放和全面发展。人的解放以及人的自由全面发展，不仅与生产力的发展息息相关，而且和与此相适应的生产关系、社会关系密不可分。只有物质生产力高度发展，劳动生产率极大提高，生产关系根本改变，才能使人的整个生存时间成为自由的时间，才能为将人的全部生存空间变为发展的空间提供现实的基础。如果将自然，进而将人作为工具来发展经济，那么将从根本上最终违背实现人的全面发展的社会发展的目的。

人的解放和自由是社会发展中一个长期的历史过程。人类就是在矛盾运动中，在面临矛盾、发现矛盾、解决矛盾的历史实践过程中，逐步走向解放、走向自由的。电子计算机和网络技术的发明和运用，大大缩短了社会必要劳动时间，使得人们在劳动的相对解放中有了更多的闲暇时间。但如果人们囿于资本主义制度的制约，对这些人类的发明过度依赖的话，就又会遭遇一种高科技时代下的新的异化。

人的解放是马克思毕生为之奋斗的崇高理想。这一理想不仅构成了马克思全部思想的出发点、目的和归宿，而且也渗透在他的全部思想体系之中。事实上，人类与自然、世界之间并非只有利用，甚至敌对的关系，只有和谐相处，才是人与自然、世界的本质关系。作为坚持理想而从事实践的人，在按照理想的意图改变现实自然世界时，要使自身与自然世界之间达到一种和谐的“本质的统一”。这种统一是一个历史性的过程，实际上也就是人类实践中自我解放、自我发展的过程。

人的解放是全面的解放，不仅是物质的解放，而且也是精神的解放；人既是自己解放的主体，也是自己解放的客体；人的解放既是人的理想目标，也是人的当下实践活动。当我们面对日常生活的异化状况时，我们没有必要也不可能从日常生活中退出，而是应该勇敢地面对生活。只有面对日常生活，从每一种实践活动中去体会活动带给我们的乐趣，我们才会真正体验到“自由自觉”的滋味。认真理解并践行马克思主义这一思想，对于建设中国特色社会主义、推进中国现代化进程、实现人的解放和全面发展具有重要的理论意义和实践意义。

结　语

马克思主义人生观是帮助人们观察人生、认识人生、指导人生的指南。马克思主义人生观就是共产主义人生观，是人类历史上最先进的人生观。它把人的生命活动历程看作认识和改造客观世界的过程，把消灭资本主义私有制，为绝大多数人谋利益，实现美好的共产主义，看作人生的崇高目的和最大幸福。至于个人生命的价值和意义，则在于对社会所尽的责任，对社会所作的贡献，在于全心全意为人民服务，像雷锋同志、白求恩大夫一样，无私地把自己的一切贡献给共产主义事业。

注　释

1 《马克思恩格斯文集》第 2 卷，人民出版社 2009 年版，第 66 页。

2 《马克思恩格斯文集》第 2 卷，人民出版社 2009 年版，第 66 页。

3 罗素:《自由之路》(上册)，文化艺术出版社 1998 年版，第 4 页。

4 《毛泽东选集》第三卷，人民出版社 1991 年版，第 1059 页。

5 《马克思恩格斯全集》第 23 卷，人民出版社 1972 年版，第 649 页。

6 《马克思恩格斯文集》第 1 卷，人民出版社 2009 年版，第 537 页。

7 《马克思恩格斯文集》第 2 卷，人民出版社 2009 年版，第 53 页。

8 《马克思恩格斯文集》第 5 卷，人民出版社 2009 年版，第 683 页。

9 康德:《历史理性批判文集》，商务印书馆 1990 年版，第 1 页。

穿过迷雾寻找光明

——种种人生问题的正确解读

如何对待金钱、权力、事业、爱情、婚姻和家庭等，对任何人都是一场严峻的考验。马克思主义人生观要求我们树立远大的革命理想，正确对待金钱和权力，恪守家庭美德，积极投身为广大人民群众谋福利、实现共产主义的伟大事业中去。

马克思主义人生观无疑是正确、积极、健康、科学的人生观。它在理论上是丰富、系统的，但表现形式上却不是僵化、固定的，而是多样化、具体化的，渗透在人们的日常生活实践中。在全球化、信息化时代，在当代中国人的实际生活中，马克思主义人生观典型地通过人们对待金钱、权力、事业、爱情、婚姻和家庭等的态度体现出来。

一、马克思主义金钱观

——“守财奴”与“金钱拜物教”

说起“金钱”一词，人们再熟悉不过了。因为在日常生活中，人们几乎每天都在和金钱打交道，例如用它来购买任何商品。对于金钱，人们赋予了它不同的评价，可谓又爱又恨。赞美它的人歌颂它的丰功伟绩，咒骂它的人认为它是罪恶的源泉。平常而又神奇的金钱，既给人带来富裕、权力和享受，也给人带来焦虑、痛苦乃至灾难；它使得仇敌相亲，也使得亲人离间。于是，有人把金钱当作万能之神，有人诅咒它为万恶之源。

那么，究竟什么是金钱呢？

“金钱”由“金”和“钱”组成。所谓“金”，就是最早执行金钱这一功能的金、银、铜、铁等金属；所谓“钱”，作为一般等价物的特殊商品，是商品生产和商品交换的产物。据中文辞典的解释：“金钱”就是货币，金属铸成的钱，后泛指钱。货币是从商品中分离出来，能够固定充当一般等价物的商品，可以衡量一切商品的价值。货币是商品交换发展到一定阶段、为了克服物物直接交换之不便的产物。在现实生活中，金钱往往是财富的代表，但许多财富又是金钱所无法代表、度量和交换的。《红楼梦》里的贾宝玉生长在一个极为富贵的家庭，过着饭来张口、衣来伸手的奢侈生活，但他为封建礼教所禁锢，并不幸福。这说明，一个人即使有很多钱，也未必幸福。因此我们不能简单地将金钱与财富等同起来，认为对金钱的拥有就是对财富的拥有，更不应将追求金钱、拥有金钱与体现人生价值、追求幸福等同起来。我们要透过金钱神秘的面纱，正确看到金钱的本质，对金钱“取之有道，用之有度”。

马克思在《资本论》这一巨著中，以最彻底的理论揭示了金钱的本质，批判了资本主义商品拜物教或金钱（货币）拜物教，告诉人们应当持有怎样的金钱观。

马克思认为，商品和货币体现着一定历史阶段中人和人之间的社会关系。但是，这种人和人之间的关系却表现为物和物的关系。于是，对商品和货币就产生了一种神秘观念。价值本来是商品生产者之间的社会关系，却被看作商品的自然属性。商品被看作支配人们命运的力量，作为商品的一般等价物的货币更被当作支配人们命运的力量。正像宗教世界中，人们崇拜人脑的产物——偶像一样，在商品世界里，人们崇拜人手的产物——商品和货币。所以马克思把这种崇拜叫作“商品拜物教”或“货币拜物教”。

资产阶级经济学家没有揭穿商品（货币）拜物教的秘密，相反，不少人却极力宣扬商品（货币）拜物教。马克思分析了商品的二重性和体现在商品中的劳动的二重性，分析了价值形态的发展和货币的起源，科学地揭示了商品和货币的本质，第一次揭穿了商品（货币）拜物教的秘密。

马克思说：“商品世界的这种拜物教性质……是来源于生产商品的劳动所特有的社会性质。”[1]只有在商品生产的条件下，人类的一般劳动才取得了价值的形式，用时间计算的人类劳动力的支出，才取得了价值量的形式；生产者之间劳动的社会关系，即每个劳动者的劳动对其他人的劳动的依存关系，才取得了劳动产品之间的交换关系的形式。一句话，只有在商品生产条件下，人和人的关系才通过物的关系来表现。假如不是商品生产，这些关系本来是明明白白的。

商品、货币关系是人类社会发展到一定阶段必然产生的一种社会关系，它不是永恒的，随着历史的发展，它终究要走向消亡。随着商品、货币关系的消亡，商品（货币）拜物教也就消灭了。但是，这需要一个很长的历史过程。

马克思对商品（货币）拜物教的深刻批判，构成了正确金钱观的理论基础。怎样对待金钱是人生观中的重要问题，它是人们对金钱及金钱现象的认识与看法，涉及人们如何看待金钱，采取什么手段获取金钱，以及如何分配、消费金钱的根本看法与观点。必须运用马克思关于商品（货币）拜物教的基本观点，科学地认识金钱，树立正确的金钱观。

在商品交换社会里，从物质交换的角度来看，人们可以借助金钱这一媒介，获得自己所需要的物质，使得人与人之间形成一种广泛的交换关系。金钱可以让人们生活得更加富足，从而有利于人和社会的发展。金钱在便利了人类自身需要的同时，在某种程度上，对于实现社会公正交易，维持社会秩序也是起作用的。从这个角度上说，金钱确实也是实现人们幸福生活的一个手段。人们通过自己正当的手段和劳动获取金钱，这不仅是法律政策所允许的，也是道德所肯定的。

既要看到金钱能使人获得幸福生活的积极的一面，又要看到金钱也能使人成为它的奴隶的消极的一面。随着市场经济发展的不断深入，人们对于金钱的认识也发生了很大的变化。今天金钱的意义，已经远超它当初作为一般等价交换物职能的意义，不仅作为一种手段，而且成为一种满足所有欲望的目的。从这个角度出发，西方著名学者、诺贝尔奖获得者哈耶克（Hayek，1899—1992年）说，金钱又是人类最悲哀的自我枷锁。如果我们把人生目标和全部活动锁定在金钱上，其结果不是由人来支配金钱，而是由金钱来支配人；如果对金钱只是一味追求和拥有，发展到极端将形成一种强烈的货币占有欲和货币崇拜教；如果人们仅仅以对金钱的占有为己任，那么将迷失前进的方向，找不到幸福的归途。毫无疑问，这样的人生是扭曲的人生、背离人性的人生，这样的人生没有任何诗意和理性。人不能把金钱带进坟墓，金钱却能把人带进坟墓。很多腐败分子本来想多捞些金钱过更滋润的日子，结果却使自己甚至连累家人日子也没法过。人们获取金钱绝不能以道德的沦丧、精神的颓废和自我价值的失落迷茫为代价。如果一个人为了金钱，永远只是关心他自己个人的眼前利益，不知关心同情别人，见义而不为，不顾甚至损害他人和集体的利益，长此以往，他与他人的关系将会处于紧张和冲突之中，更谈不上个人对社会、对国家的社会责任。

在剥削阶级社会里，现实批判主义作家笔下描写了大量受金钱（货币）拜物教毒害的典型文学形象，也就是吝啬鬼形象，对金钱（货币）拜物教、金钱至上观念作了深刻的鞭笞。其中以莎士比亚（William Shakespeare，1564—1616年）的喜剧《威尼斯商人》、莫里哀（Molière，1622—1673年）的喜剧《吝啬鬼》（又名《悭吝人》）、巴尔扎克（Balzac，1799—1850年）的小说《欧也妮·葛朗台》，以及果戈理（Gogol，1809—1850年）的小说《死魂灵》最为典型。夏洛克、阿巴贡、葛朗台、泼留希金也堪称欧洲文学史上“不朽”的四大吝啬鬼形象。

这四大吝啬鬼形象产生在三个国家，出自四位名家之手，涉及几个世纪的社会现实生活，从一个角度概括了欧洲四百年来从封建社会末期转变到资本主义社会历史发展的进程。从创作的时间上说，果戈理的《死魂灵》写成于19世纪40年代，泼留希金出现最晚。但从人物形象的阶级意识上说，泼留希金应列为最早，他是俄罗斯封建农奴制下的地主。夏洛克排行第二，他是16世纪即封建社会解体、资本原始积累初期的旧式高利贷者。阿巴贡算作老三，他是17世纪法国资本主义发展时期的资产者。葛朗台是老四，他是

19 世纪法兰西革命动荡时期投机致富的资产阶级暴发户。

这四代吝啬鬼，年龄相仿，脾气相似，有共性，又有各自鲜明的个性特征。简言之，泼留希金的迂腐、夏洛克的凶狠、阿巴贡的多疑、葛朗台的狡黠，构成了他们各自最独特的守财奴的气质与性格。

俄国文学大师果戈理在他的名著《死魂灵》中塑造了一个吝啬鬼形象——泼留希金。波留希金是俄国农奴制崩溃、商品经济萌发时期的一个地主，一个猥琐贪婪的吝啬鬼守财奴的典型，强烈的积聚财产的欲望使他一天到晚为财富的积累和储存而奔波。尽管家里财产堆积如山，他还要到外面去偷捡食物。他残酷地压榨和剥削农奴，农奴在他的迫害下死的死、逃的逃。他自己也过着乞丐般的生活，对儿女没有任何感情，他完全变成财富的奴隶，成了一个异化的人。评析这个人物，首先要抓住他腐朽没落的本质特征和他对自己吝啬之极的个性，才能充分认识作者塑造这个钱奴形象的社会意义。

《威尼斯商人》是莎士比亚早期的重要作品，是一部具有极大讽刺性的喜剧。剧本的主题是歌颂仁爱、友谊和爱情，但同时也反映了资本主义早期商业资产阶级与高利贷者之间的矛盾，表现了作者对资产阶级社会中金钱、法律和宗教等问题的人文主义思考。这部剧作的一个重要文学成就，就是塑造了夏洛克这一唯利是图、冷酷无情的高利贷者的典型吝啬鬼形象。

威尼斯富商安东尼奥为了成全好友巴萨尼奥的婚事，向犹太人高利贷者夏洛克借债。由于安东尼奥贷款给人从不要利息，此外，安东尼奥还常常指责夏洛克，两人早就结下了仇怨。怀恨在心的夏洛克乘机报复，佯装也不要利息，但提出一个条件：若逾期不还，要从安东尼奥身上割下一磅肉。不巧，安东尼奥的商船失事，资金周转不灵，无力偿还贷款。夏洛克去法庭控告，根据法律条文要安东尼奥履行诺言。人们劝说夏洛克放弃割肉的残酷合约，但夏洛克坚持要履行合约，从安东尼奥身上割下一块肉来。为救安东尼奥的性命，巴萨尼奥的未婚妻鲍西娅假扮律师出庭，她先是顺着夏洛克说，一定要严格实行威尼斯的法律，但后来话锋一转，她要求在进行处罚时所割的一磅肉必须正好是一磅肉，不能多也不能少，更不准流血。如果流了血，根据威尼斯法律，谋害一个基督徒（公民）是要没收财产的。夏洛克因无法执行恰好割一磅肉而败诉，害人不成反而失去了财产。

莫里哀擅长塑造概括性很强的艺术形象。阿巴贡几乎成了吝啬的代名词。阿巴贡是莫里哀喜剧《吝啬鬼》中的主人公。他生性多疑，视钱如命，就连“赠你一个早安”也舍不得说，而说“借你一个早安”。嗜钱如命、极端吝啬是阿巴贡形象的典型特征。他虽然拥有万贯家财，但是“一见人伸手，就浑身抽搐”，似乎被人挖掉了五脏六腑。为了不花一文钱，他要儿子娶一个有钱的寡妇；为了不用陪嫁，他要女儿嫁给一个年已半百的老头；自己也打算娶一个年轻可爱的姑娘而分文不费。他不给儿子钱花，逼得儿子不得不去借高利贷。为了省几个菜钱，他把吃素的斋期延长一倍，让厨师用八个人的饭菜招待十个客人。为了省一点马料，他半夜亲自去偷喂马的荞麦而遭到马夫的痛打。他总是为自己一万银币的安全担心，怀疑所有的人都想偷他的银币。作者用酣畅淋漓的艺术夸张手法突出了阿巴贡的种种变态心理，绝妙而逼真地勾画了他极端吝啬的性格特点。

法国批判现实主义文学大师巴尔扎克在他的名著《欧也妮·葛朗台》中塑造了一个举世闻名的吝啬鬼形象——葛朗台。巴尔扎克把葛朗台塑造成一个典型的“守财奴”，即看守财产的奴隶。人本应是财产的主人，是财富的支配者，可是葛朗台却成了守财奴，“看到金子，占有金子，便是葛朗台的执着狂”，金钱已经使他异化。他为了财产竟逼走侄儿，折磨死妻子，剥夺独生女对母亲遗产的继承权，不许女儿恋爱，断送她一生的幸福。作者通过对葛朗台一生的描写，深刻揭露了资本主义社会中人与人之间赤裸裸的金钱关系，描写了资产阶级暴发户发家的罪恶手段，作品深刻揭露了资产阶级的贪婪本性和资本主义社会的罪恶。

无独有偶，中国封建社会现实主义文学大师吴敬梓（1701—1754年）在中国古典名著《儒林外史》中也描写了一个中国吝啬鬼严监生。严监生病重得一连三天不能说话。临去世前晚间，挤了一屋子的人，桌上点着一盏灯。严监生喉咙里的痰响得一进一出、一声不倒一声的，总不得断气，还把手从被单里拿出来，伸着两个指头。大侄子上前问道："二叔，你莫不是还有两个亲人不曾见面？"他就把头摇了两三摇。二侄子走上前来问道："二叔，莫不是还有两笔银子在那里，不曾吩咐明白？"他把两眼睁得滴溜圆，把头又狠狠地摇了几摇，越发指得紧了。奶妈抱着哥子插口道："老爷想是因两位舅爷不在跟前，故此记念。"他听了这话，两眼闭着摇头。那手只是指着不动。老婆赵氏分开众人，走上前道："老爷！只有我能知道你的心事。你是为那盏灯里点的是两茎灯草，不放心，恐费了油；我如今挑掉一茎就是了。"说罢，忙走过去挑掉一茎；众人看严监生时，点一点头，把手垂下，登时就没了气。吴敬梓笔下的守财奴形象恰恰生活在资本主义工商业在中国封建社会内部萌发的时期。

这些守财奴、吝啬鬼的形象，都是马克思所说的金钱（货币）拜物教的生动写照，是金钱（货币）拜物教的真实受害者，他们是唯利是图、见钱眼开、图财害命的剥削阶级金钱观的极端代表。

孔子（前551—前479年）说：“见贤思齐焉，见不贤而内自省也。”[2]即向贤者学习，向贤者看齐，用道德楷模来要求和激励自己，从而使自己学有榜样、赶有目标、行有方向。拥有为实现全人类幸福而奋斗的伟大理想的马克思，在金钱上却穷困潦倒。马克思曾写信给恩格斯说：“一个星期以来，我已达到非常痛快的地步：因为外衣进了当铺，我不能再出门。”[3]但是，这些困难没有摧毁马克思的信心，因为他拥有为实现全人类幸福而奋斗的远大的人生理想，他像是一个钢铁战士，穷且益坚。他的事迹与精神影响了无数的青年，使他们坚定了共产主义的人生理想，为着实现全人类的幸福，奋勇拼搏，勇往直前。马克思这种对待金钱的态度，是最高的一种金钱境界，即为天下追求金钱的境界。他虽然也缺少金钱，但他从来不盘算为自己去追求多少金钱，而是以让亿万百姓都富裕起来为奋斗目标，可以说是以天下之贫为忧，以天下之富为乐。为了实现这样的目标，他可以忍受缺少金钱的困窘，能够拒绝金钱的诱惑，经受各种严峻的考验，直至献出自己的生命。这是战胜狭隘私欲之后的高尚人生，这是参透生命价值之后的伟大情怀，这是昭示人类光辉未来的灿烂霞光，这也就是共产党人的金钱观。

马克思主义科学社会主义理论认为，当人类社会的生产力高度发达，社会财富似泉水般涌现出来，充分满足人类全部的物质文化需要，即共产主义社会到来之时，则是人类彻底抛弃金钱拜物教的时刻，是人类完全从物质（金钱）的束缚下解放出来的时刻。列宁说："我们将来在世界范围内取得胜利以后，我想，我们会在世界几个最大城市的街道上用黄金修建一些公共厕所。"[4] 列宁所预见的担当货币职能的贵金属彻底失去其金钱价值的时代一定会到来。

当然，消灭金钱（货币）拜物教需要相当长的历史时期。已经建立起社会主义制度的国家需要大力发展生产力，努力满足人民的物质文化需求。今天，发展经济，就是为了最大限度地满足人民群众生活的需要。在现阶段，人的需要应该是金钱物质与精神文化的统一，不仅包含丰富的物质生活，而且包含高尚充实的精神生活。人们凭自己的勤劳来致富，追求丰富舒适的物质，追求美好生活，本身并没有错。但任何事情都有度，如果只讲物质、不谈精神，只强调个人、不顾集体，只注重金钱、忽视奉献，那就走向极端了。确立科学的金钱观，把追求丰富的物质生活和崇高的精神生活结合起来，把金钱看作只是实现个人幸福和集体幸福生活的手段和条件，把追求个人的幸福同大众的幸福结合起来，让人类成为金钱的主人，而不是金钱的奴隶，这样一种对待金钱的人生，才是真正有意义和幸福的人生。

二、马克思主义权力观

——焦裕禄精神永放光芒

50 年前，一个名字响彻神州大地。他，就是“县委书记的榜样”——焦裕禄（1922—1964 年）。

50 年后，中共中央总书记、国家主席、中央军委主席习近平再次来到兰考，缅怀焦裕禄的先进事迹，号召全党结合时代特征大力学习弘扬焦裕禄精神。

焦裕禄精神犹如一座丰碑，巍然矗立在中原大地上。重访兰考，习近平多次动情地回忆起四十多年前学习焦裕禄的情景：“1966 年 2 月 7 日，《人民日报》刊登了穆青（1921—2003 年）等同志的长篇通讯《县委书记的榜样——焦裕禄》，我当时上初中一年级，政治课老师在念这篇通讯的过程中多次泣不成声。特别是念到焦裕禄同志肝癌晚期仍坚持工作，用一根棍子顶着肝部，藤椅右边被顶出一个大窟窿时，我受到深深震撼……”“我希望通过学习焦裕禄精神，为推进党和人民事业发展、实现中华民族伟大复兴的中国梦提供强大正能量。”

说到动情处，他还吟诵了自己担任福州市委书记时于 1990 年 7 月 15 日填写并在 7 月 16 日《福州晚报》上刊登的《念奴娇·追思焦裕禄》：

魂飞万里，
盼归来，
此水此山此地。
百姓谁不爱好官？
把泪焦桐成雨。
生也沙丘，
死也沙丘，
父老生死系。
暮雪朝霜，
毋改英雄意气！

依然月明如昔，
思君夜夜，
肝胆长如洗。
路漫漫其修远矣，
两袖清风来去。
为官一任，
造福一方，
遂了平生意。
绿我涓滴，
会它千顷澄碧。

一首《念奴娇》，写尽了党的好干部焦裕禄的为民情怀与英雄本色，也道出了无数人心中优秀共产党人的良好形象与精神风貌。焦裕禄在兰考虽然仅仅工作了470多天，但在群众的心中，却铸就了一座永恒的丰碑，在党员干部心中，留下了不可磨灭的印象。他的事迹之所以历经岁月风雨仍为人们传颂，他的精神之所以穿越半个世纪仍然历久弥新，就是因为他“心中装着全体人民，唯独没有他自己”的公仆情怀，凡事探求就里、“吃别人嚼过的馍没味道”的求实作风，“敢教日月换新天”、“革命者要在困难面前逞英雄”的奋斗精神，艰苦朴素、廉洁奉公、“任何时候都不搞特殊化”的道德情操。

县委书记焦裕禄的模范事迹感动了许多人，让我们深深地认识到应该如何看待权力，如何行使权力，特别是每一位领导干部，应该如何用好权力，管好权力。在新的历史时期，权力观是我们需要经常去思考和面对的一个重大问题，也是每位领导干部应当做好的一篇大文章。

而在当代中国，影响人们正确看待权力的，莫过于无孔不入的腐败问题。权力腐败的社会影响十分恶劣，老百姓对此深恶痛绝。能不能解决腐败问题，关系到人心向背，关系到党和国家的生死存亡。中国共产党自诞生之日起，就旗帜鲜明地反对腐败。从新中国成立初期的刘青山、张子善案到近些年一系列违法乱纪问题的查处，党和国家始终保持惩治腐败的高压态势，取得了一定的成效，不少中高级领导干部受到了严肃查处。而许多触目惊心的腐败现象的发生，给个人、家庭、社会、党和国家都造成了巨大的危害，究其原因，与一些领导干部的权力观出了问题存在非常大的关联。

“权”原指测定物体重量的器具，后引申为衡量、揣度之意。《孟子·梁惠王》中说，“权，然后知轻重”，认为“权”有衡量、审度的意思;《管子》中说，“欲用天下之权者，必先布德诸侯”，认为“权”有统治能力和势力的意思。随着历史发展，“权”逐渐与地位、利益结合在一起，而引申为权力。广义的权力是指存在于社会生活各个层面的一种制约或者影响关系；狭义的权力是指国家政治生活领域的权力。这里所讲的权力，一般指的是狭义的权力。权力不像金钱，它看不见，摸不着，似乎是一种无形无体、无影无踪的东西。权力看似十分抽象，但权力的施行必须依靠强制力量来支撑，从而使人的意志服从权力的意志。可以说，没有强制就没有权力。总之，权力是一种依靠强制力来影响和制约自己或他人价值和资源的能力。

所谓权力观，就是人们对权力的总体看法和基本观点，如权力从何而来、掌权干什么、用权为什么、怎样用权等基本看法。权力观不仅是利益观、地位观的延伸，而且是世界

观、人生观、价值观的具体体现。马克思主义权力观是马克思主义对权力问题的科学的正确的态度和观点。

马克思主义权力观认为：

——**一切权力皆来自人民，权力是人民赋予的。**对于执政党每一个党员、每一个领导干部来说，必须铭记一切权力都源自于人民。坚定不移地走群众路线，保持党同人民群众的密切联系，是中国共产党不断取得胜利的三大法宝之一。十八大报告强调："始终把实现好、维护好、发展好最广大人民的根本利益作为党和国家一切工作的出发点和落脚点，尊重人民首创精神，保障人民各项权益。"这要求领导干部，尤其是青年党员干部要自觉贯彻党的群众路线，经常深入实际、深入基层、深入群众，做到知民情、解民忧、暖民心。任何权力都有利益倾向性，掌权者的权力观及其行为必然会对其他人产生影响，尤其是那些在社会及生活领域中和这些掌权者打交道的人来说，权力不仅和每个人的生活息息相关，而且关系党和政府的形象。执政党的最大危险就是脱离群众，世界上一些老的执政的共产党丧失执政资格，最根本的原因就是忽视了人民的诉求，背离了人民的意志和利益，这种历史教训，必须引以为戒。

——**要防止权力被滥用，就必须对权力进行监督。**19世纪英国著名历史学家阿克顿勋爵（Acton，1834—1902

年）说过：“权力趋于腐败，绝对的权力导致绝对的腐败。”[5]1945 年 7 月初，在延安的窑洞中，民主人士黄炎培（1878—1965 年）向毛泽东提出了如何跳出“历史周期率”支配的问题，毛泽东胸有成竹地回答：“我们已经找到新路，我们能跳出这周期率，这条新路就是民主；只有让人民来监督政府，政府才不敢松懈；只有人人起来负责，才不会人亡政息。”[6]改革开放的总设计师邓小平也指出：“没有民主就没有社会主义，就没有社会主义的现代化。”[7]他强调：“继续努力发扬民主，是我们全党今后一个长时期的坚定不移的目标。”[8]社会主义民主就是让国家的大多数人民群众都参加到政治的管理和政策制定的决策中来，并对政府进行监督。只有不断完善和发展社会主义民主，加强人民对权力的监督制约，把权力放在制度的笼子里，才能使权力依法运行，才能使权力的运行受到制约，才能确保人民群众的权利，进而推进社会主义建设事业的不断发展。

由于民主法制不健全，加之历史传统、文化陋习和社会环境等各方面的影响，特别是理想信念的缺失，在一些领导干部中滋生和蔓延着一些扭曲和错误的权力观。比如，有的领导干部视自己手中的权力为私有财产，认为自己手中的权力是个人奋斗得来的，或是某个领导恩赐的，掌权后以权谋私、滥用权力，把权力视为牟取个人私利的工具。他们往往在尝到甜头后，一发不可遏止，直至东窗事发，身陷囹圄，不仅让自己的亲人朋友受到牵连，也使国家和人民遭受巨大的损失。因贪污受贿被判处死刑的江西省原副省长胡长清在剖析自己的犯罪根源时曾说："到了我这个级别，监督机制如同'牛栏关猫'，根本就没有什么作用啦。"同样被判处死刑的山东省泰安原市委书记胡建学也曾说："官做到我这一级，就没人能管了。"可见，没有了监督，就像"牛栏里关猫"，致使失去制约权力的这只"猫"能进出自由，必然产生腐败。邓小平指出："要有群众监督制度，让群众和党员监督干部，特别是领导干部。"[9]

——**树立正确的权力观，消除各种腐败现象，不仅要从体制机制等方面加强对权力的监督，同时也要对领导干部加强正确权力观的学习和教育**。"千里之堤，溃于蚁穴"。从一些领导干部犯错误的教训来看，其思想蜕变往往是由一点一滴逐渐积累的。不加强学习和党性修养，一不小心就可能"一失足成千古恨"，在错误的道路上越走越远，最终成为人民和历史的罪人。要通过马克思主义权力观的学习和教育，使每一位领导干部切实认识权为民所赋、做到权为民所用。时刻牢记手中的权力是人民赋予的，不论自己担任的职务和掌握的权力是选举产生的，还是上级任命的，或者招考应聘的，其实质都是在代表人民管理国家的行政事务、经济事务和文化事务。归根到底，各级领导干部是人民的公仆，而不是人民的主人，必须全心全意为人民服务；有权必有责，权力的行使必须与责任的担当紧密相连，权力越大，职务越高，责任就越大，应尽的义务也就越多。面对手中的权力，每个领导干部都应该小心翼翼，把对上级负责与对下级负责、对党负责与对人民负责统一起来，始终做到把国家集体的利益、人民的利益摆在第一位，努力成为一个有高尚追求的人，一个全心全意为人民群众谋利益的人。

三、马克思主义事业观

——“警界女神警”任长霞的公安事业

2004年1月30日，登封市告城镇发生了一起强奸杀害幼女案。登封市公安局局长任长霞亲自挂帅，力求实现“命案必破”。她在专案组与侦查员同吃同住同工作，一住就是73天。4月13日晚，在郑州市公安局专家组协助下，任长霞又带领专案组民警彻夜工作，摸排出了一些重要线索。14日早上9时，她带上案件资料赶到郑州，向上级领导汇报案情，制订下一步的侦破方向。下午，她又在郑州查证了另外两条案件线索。为部署当晚的侦破抓捕工作，任长霞结束在郑州的工作后，急匆匆就要返回登封。当晚 8 时 40 分，任长霞所乘车辆在郑少高速公路遭遇车祸，当即重伤昏迷，随即被送往郑州市中心医院抢救。经过 4 个小时紧急抢救，终因伤势过重，抢救无效，于 4 月 15 日凌晨 1 时离开了人世，年仅 40 岁。

40 岁正是人生最壮美的季节，然而，任长霞却猝然倒在了为之奋斗不息的公安事业上。她以自己的忠诚、才干和辉煌业绩，谱写了辉煌的人生篇章。

任长霞（1964—2004 年），河南省登封市公安局党委书记、局长。她自 1983 年加入公安队伍，做预审工作 13 年，在郑州公安系统、市政法战线及省预审岗位练兵大比武中均夺取过第一名，协助破获了大案要案 1072 起，追捕犯罪嫌疑人 950 人。1998 年，她被任命为郑州市公安局技侦支队长后，多次深入虎穴，化装侦察，亲自抓获了中原第一盗窃高档轿车主犯，先后打掉了 7 个涉黑团伙，抓获犯罪嫌疑人 370 多名，被誉为“警界女神警”。2001 年，她调任登封市公安局局长，始终把人民群众的疾苦和安危放在心上，解决了十多年来的控申积案，共查结控申案件 230 多起。她带领全局民警共破获各种刑事案件 2870 多起，抓获犯罪嫌疑人 3200 余人，有力地维护了登封社会治安和稳定的政治大局。多年来，她先后荣获全国“五一劳动奖章”、全国三八红旗手、中国十大女杰、全国青年岗位能手、全国优秀人民警察等 20 多项荣誉称号，以自己的毕生心血忠实地履行了“立警为公、执法为民”的神圣职责。

自参加工作以来，任长霞一直都以一种饱满的热情、拼命的态度，对待自己钟爱的公安事业，并谱写了辉煌的人生篇章。

业绩的取得、事业的成功，源于任长霞对崇高理想的不懈追求，源于她对人民公安事业的无限忠诚。1983 年，当英姿飒爽的任长霞警校毕业后来到郑州市公安局中原分局预审科当上一名民警时，她就在日记本中写下一段话：“能成为一名打击犯罪、保护人民的人民警察，能亲手抓获犯罪分子、还老百姓公道，是我人生最大的追求。”也正是从这时开始，她就立下了将自己的一生献给公安事业的誓言。

每个人都想让自己的生命在干事创业中激情燃烧，但这并不容易，需要以正确的事业观为指导。树立和坚持什么样的事业观，是每个人，尤其是每个领导干部需要经常去思考和面对的一个重要问题，也是每个人在思想修养方面应当做好的一篇很大的文章。任长霞用自己短暂而不平凡的一生，用自己实实在在的工作业绩，向党和人民提交了一份沉甸甸的答卷，引发了人们关于应该如何干事创业的广泛思考。

事业观是人生观的重要组成部分，它是和事业有关的

所有观点和方法。树立了正确的事业观，才能为人民干事创业。

2010年9月，习近平在中央党校2010年秋季学期开学典礼上发表了关于《领导干部要树立正确的世界观权力观事业观》的讲话，他指出："事业观主要是关于事业方向和事业道路的看法，决定着人们采取什么样的事业态度、遵循什么样的事业精神、追求什么样的事业目标。"他明确指出："中国共产党人的事业观，就是为人民利益不懈奋斗，为中国特色社会主义事业不懈奋斗。"[10]

事业观决定着工作观和政绩观，有什么样的事业观就有什么样的工作观和政绩观，只有弄清楚"为什么要干事、干什么事和怎样干事"，才能树立和坚持正确的事业观。

"宝剑锋从磨砺出，梅花香自苦寒来"，"艰难困苦，玉汝于成"。干事创业是每个人培养锻炼、成长进步最重要的途径。实践也证明，大凡有作为的人，都是埋头苦干干出来的，而不是夸夸其谈吹出来的。只有在实际工作中，才能了解实际、积累经验、加快成熟、充分展示自身的才华，得到大家的认可。

干事创业，是我们每个人的使命和职责所在，对于每个党员领导干部来说更是如此。领导干部掌握了一定的公共资源，为老百姓办事是义不容辞的责任，更应该"为官一任，造福一方”。相传周公“一沐三捉发，一饭三吐哺”，为了事业废寝忘食；唐代的韦应物（737—792年）作诗披露心迹：“身多疾病思田里，邑有流亡愧俸钱。”他觉得因自己身体不好没有干好事情，愧对领取的俸禄，内心深感不安；邓小平也曾经说过：“出来工作不是为了做官，而是为了做事。”“世界上的事情都是干出来的，不干，半点马克思主义都没有。”[11] 实际上讲的也就是我们为什么要干事的道理。

明白了为什么要干事，接下来就要弄清应该干什么事。归根到底，我们的工作是为人民服务的，应该干人民群众期盼的事。为人民服务是我们党的宗旨。一个合格的共产党员、一个合格的领导干部、一个负责任的政府，理应做到“权为民所用，情为民所系，利为民所谋”，干好群众期盼的事。孟子（前372—前289年）说：“得天下有道：得其民，斯得天下矣；得民心有道：得其心，斯得民矣；得其心有道：所欲与之聚，所恶勿施尔。”[12] 这也就是强调，从政干事要顺应民心。古代很多有名的政治家，像郑板桥（1693—1765年）“衙斋卧听萧萧竹，疑是民间疾苦声”，李纲（1083—1140年）“但得苍生俱饱暖，不辞羸病卧斜阳”，张载（1020—1078年）“为天地立心，为生民立命”，范仲淹（989—1052年）“先天下之忧而忧，后天下之乐而乐”，等等，都是为民干事的好榜样。在今天，也有很多心系群众的好干部值得我们学习。比如，始终把人民群众的疾苦和安危放在心上的原登封市公安局女局长任长霞就是其中的优秀代表。从任长霞到牛玉儒（1952—2004年）、杨善洲（1927—2010年）……无数优秀共产党人以焦裕禄为榜样，树立正确的事业观，以党和人民的事业为最高追求，不断丰富着党的精神宝库，烛照更多的干部奋然前行。

那么怎样去干事呢？其实最重要的是干好职责“分内的事”。干事创业并不是要求每个人去干多么伟大和英雄的事情，对于很多人来说，立足于岗位、做好平凡的工作就是一件不平凡的事业。每项工作都是一个系统，每个人都是这个棋盘上的一个棋子，大家各司其职，又互相配合、团结协作，才能把整盘棋走活；团结就是力量，团结才会产生智慧，形成生产力；在一个整体中，离开哪一个岗位都不行，作为一个流程，缺乏哪一个环节也不行。只有摆正自己的位置，有良好的心态，我们才能在干事中分享快乐，体现出人生价值。被誉为新时期产业工人杰出代表的许振超（1950年—　），是青岛港的一名吊车司机，他每天的工作就是把货物从码头吊上车、船，或是把货物从车、船上吊到码头。但就是这样一个只有初中文凭的吊车司机，30年来坚守这个普通的操作台，成了桥吊专家。他说：“干活不能光用力气，还要动脑筋；干一行，就要爱一行，精一行。”“咱当不了科学家，但可以做个能工巧匠。”他带领同事，一年内就两次刷新了世界集装箱装卸纪录，“振超效率”扬名国际航运界。在许振超身上集中体现了中国当代产业工人的精神风貌和优秀品质。

今天，在我国这样一个有着十几亿人口的发展中大国建设小康社会和实现现代化，发展中国特色社会主义，是一项前无古人的伟大事业，更是一项充满艰辛、充满创造的事业，需要我们每一个人，以及一代又一代人的不懈努力。在今天社会主义的中国，我们迎来千载难逢的发展机遇，这也正是我们干事业的大好时机。我们每个人不论在什么岗位上、不论做何种工作，都要想着“为什么要干事、干什么事和怎样干事”，坚持为人民群众干事、为发展中国特色社会主义干事的事业观。在实现中华民族伟大复兴的“中国梦”的过程中，要把个人的事业追求和人生价值体现在整个大时代中，体现在为党和为人民的事业之中去；对人民群众充满感情，对工作、对事业富有激情，兢兢业业地工作，踏踏实实地做事，扑下身积极动脑筋想方法，真抓实干解决问题，掌握事业发展的主动权，用辛勤的汗水去浇灌我们幸福的事业之花，创造出无愧于自己、无愧于党和国家、无愧于人民的业绩。

四、马克思主义婚恋观

——“下辈子我还嫁给你”

2010年11月下旬，广西南宁举办了一次乡村社区文艺大展演。决赛中的一个节目——《下辈子我还嫁给你》，令观众们很感动，也引起了媒体和社会的广泛关注。

节目讲述的是一个动人的故事：一名乡村医生靠每月仅有的60元补助和诊病所得的每月几百元，一直坚守在偏僻的小山村行医。这名医生自己被检查出尿毒症后，为了不连累家人，毅然提出与妻子离婚。而妻子得知真相后，不离不弃，陪伴丈夫共同面对病魔，谱写了一曲新时期的动人爱情诗篇。

媒体深入采访这个节目的原型后，发现实际的情况比舞台上的表演还要感人。

这位名叫李前锋的村医出生于一个村医世家，已经是五代行医。1999年，他从南宁卫校毕业后，在家乡六景镇开了一家私人诊所，收入相当可观。为了解决农村看病难的问题，南宁市横县卫生局决定为每个村配备一名村医。李前锋闻讯，主动请缨，志愿前往山高路远的六景镇大浪村做一名乡村医生。

在此之前，偏远的大浪村 2300 多名壮族村民一直没有村医，缺医少药，妇幼保健几乎是空白，群众看病难、看病贵、看病远的问题十分突出。自 2003 年来到大浪村始，李前锋怀着“让山里村民能看上病”的朴素心愿，无论严寒酷暑、刮风下雨，只要村民需要，他挑起药箱就出诊。他用一根扁担，一头挑着药箱，一头挑着干粮，被村民们亲切地称为“扁担上的 120”。

然而，谁都没有想到的是，由于身体劳累过度，2008 年 5 月份，李前锋查出患有严重的尿毒症。换肾需要 20 多万元，李前锋根本就不敢去想，只能靠血液透析维持生命。身患重症的李前锋感到自己生命的时间不多了，便瞒着家人，瞒着乡亲，每天依然挂着腹膜透析袋，坚持骑车进村为村民看病送药。

可慢慢地，透析治疗的效果越来越差，李前锋的身体每况愈下，几次晕倒在了山路上。为了不拖累一直深爱着的妻子，他写好了一份《离婚协议书》。妻子邓小妹很恼火，问：“你搞什么名堂?!”李前锋哽咽着说：“我的生命没多久了，你还年轻，不能跟着我一辈子受拖累，早离开，早解脱……”妻子听了，一把将丈夫搂在怀里，泪如雨下。过了一会儿，她擦掉眼泪，坚定地对丈夫说：“下辈子，我还嫁给你。”为了悉心照顾丈夫，支持李前锋抱病行医，她干脆把家从镇上搬到了村里……

李前锋的事迹被媒体报道后，在社会上引起了强烈的反响。有网民评论说："李前锋用他那不那么结实的肩膀，挑起了大浪村2000多村民健康的重担。中国乡村医生用他那瘦弱的脊梁，挑起了亿万农民医疗卫生的重担。"而李前锋与邓小妹凄绝的爱情故事，他们真挚、朴素、一心为对方着想的婚恋观，更是让无数善良的人们感动不已、潸然泪下……

当前，我国正处在剧烈的社会转型期，社会各方面的变化自然影响到人们的价值观念，爱情、婚姻、家庭观念都发生了很大的变化，并且出现了大量令人头痛的问题。比如，爱情、婚姻物质化的取向日益明显。在各种相亲交友的节目中，"高富帅""白富美"往往成为大家关注的焦点和追求的对象，爱情观、婚姻观出现了向物质、金钱看齐的趋势。再如，夫妻关系的忠诚度降低。媒体报道中，有关"包二奶""傍大款""一夜情""换妻""第三者插足"等现象屡见不鲜，离婚率不断攀升。据相关媒体引述中国民政事业统计数据显示，2007年至2010年间，全国离婚登记数分别为320.4万对、356.1万对、404.7万对、451.6万对。中国离婚率连续七年递增，仅在2011年一季度，就有46.5万对夫妻办理了离婚登记，平均每天有5000多个家庭解体。又如，家庭暴力屡禁不止。2011 年，据全国妇联和国家统计局组织的第三期中国妇女社会地位的调查报告显示，近三成（24.7%）女性曾遭受过配偶不同形式的家庭暴力。

家对于每个人来说，都是一个温馨的字眼。爱情、婚姻、家庭似乎是一个永不褪色的美丽话题。拥有一段历经考验的真挚爱情、一份洋溢幸福的美满婚姻、一个和谐稳定的幸福家庭，是多么令人神往的事啊。婚姻是爱情的实现目标，家庭是婚姻的必然产物。幸福的人生应该有一个以爱情为基础的美满婚姻。建立一个婚姻美满的家庭不仅对个人，而且对构建社会主义和谐社会都意义重大。

随着我国社会的转型和时代的发展，有关爱情、婚姻、家庭的观念都发生了重大的变化，但是，重温马克思主义创始人关于爱情、婚姻、家庭的诠释，对于我们要树立一个什么样的家庭观大有益处，因为这些观点至今依然绽放着时代的色彩。

马克思、恩格斯在谈及婚姻观时，首先阐述了爱情观。他们认为爱情是婚姻和家庭的逻辑起点，人们只有在对爱情正确认识的基础上才可以去谈及婚姻。关于爱情，他们认为只有以男女彼此之间相互倾慕为基础的相互之爱才会持久，结合的婚姻才会美满，家庭才会幸福。恩格斯在《家庭、私有制和国家的起源》一书中指出，现代真正的爱情“是以所爱者的对应的爱为前提的”[13]。马克思在《1844年经济学哲学手稿》中也提道：“如果你在恋爱，但没有引起对方的爱，也就是说，如果你的爱作为爱没有使对方产生相应的爱，如果你作为恋爱者通过你的生命表现没有使你成为被爱的人，那么你的爱就是无力的，就是不幸。”[14]他说：“应该在考虑结婚以前成为一个成熟的人。”[15]所谓“强扭的瓜不甜”，讲的就是这个道理。真正的爱情除了对对方容貌体态、言谈举止、气质风度倾倒外，关键的一点就是“旨趣的融洽”，它的产生不是因为贪图对方的财富和地位，而是彼此之间相互吸引、相互珍视。这种“人与人之间的，特别是两性之间的感情关系，是自从有人类以来就存在的”[16]。生命因为付出了爱情而更为富足，真正的爱不是暂时的感动，而是一生的回味。

如果说爱情是人生中的美丽的花朵，那么婚姻则是爱情之花所结的果实，它是两个人爱情发展的必然结果。在早期著作《论离婚法草案》中，马克思阐明了婚姻是家庭的基础，认为婚姻应该是自由的。他说：“如果婚姻不是家庭的基础，那么它也就会像友谊一样，不是立法的对象了。”[17]婚姻之所以不同于友谊而成为家庭的基础，就在于它更注重自身关系的伦理实体，而非“夫妻的任性”。恩格斯在《家庭、私有制和国家的起源》一文中明确提出：“如果说只有以爱情为基础的婚姻才是合乎道德的，那么也只有继续保持爱情的婚姻才合乎道德。”[18]一桩美好的婚姻必须恪守道德，但也要保护当事双方的权益，让婚姻建立在自愿而不是强迫的基础上，使当事双方自由地享受婚姻带来的幸福。马克思认为：“谁也不是被迫结婚的，但是任何人只要结了婚，那他就得服从婚姻法。结婚的人既不是在创造，也不是在发明婚姻，正如游泳者不是在发明水和重力的本性和规律一样。所以，婚姻不能听从结婚者的任性，相反，结婚者的任性应该服从婚姻的本质。”[19]这种观点对反思今天的婚姻家庭生活不负责任的行为，无疑有着极其重要的意义。我们只有用心去浇灌，用爱去滋润，用耐心、细心、爱心去经营，才能保持幸福美满的家庭。

中国自古就有“家国”之说，家是国的基础。家庭是人们精神和感情的温馨的休憩所，它是每个人过群体生活的一种最普通、最固定的组织形式，作为社会的基本单位和细胞，无数个家庭构成了人类社会，促进着社会的不断进步和发展。马克思指出：“人对人的直接的、自然的、必然的关系是男人对妇女的关系。”[20]在社会观念多元化的今天，我们如何去看待和处理爱情和婚姻问题，不仅关系到个人的幸福和家庭的和睦，也必然影响文明、健康、进步的社会风尚的形成。一个家庭的和谐幸福与否，不仅和每个人息息相关，而且关系到整个社会的和谐安宁。

家庭观、爱情观是建立在正确的世界观、人生观基础上的。人们需要以马克思主义的人生观为指导，用理智的、道德的、正确的家庭观去选择爱情，共同携手构建和谐、幸福、美满的家庭。

“生命诚可贵，爱情价更高。若为自由故，两者皆可抛。”提起这首百多年来在全世界广为传诵的诗篇，人们便会想起它的作者——匈牙利诗人裴多菲。裴多菲的这首诗表达了正确的人生观、爱情观和自由观。人应该忠于爱情、崇尚生命，但更应该热爱自由。他的爱情观是建立在积极向上的世界观、人生观的基础上的。

1823 年 1 月 1 日，裴多菲（Petöfi，1823—1849 年）生于奥地利帝国统治下的多瑙河畔的阿伏德平原上的一个匈牙利小城。他的父亲是一名贫苦的斯拉夫族屠户，母亲是马扎尔族的一名农奴。按照当时的法律，他的家庭处在社会的最底层。17 世纪以后，匈牙利又一直受奥地利帝国的统治而丧失了独立地位，争取自由的起义斗争此起彼伏。1848 年春，奥地利统治下的匈牙利民族矛盾与阶级矛盾已经达到白热化程度。裴多菲目睹人民遭受侵略和奴役，大声地疾呼：“难道我们要世代相传做奴隶吗？难道我们永远没有自由和平等吗？”诗人开始把理想同革命紧紧地联系在一起，决心依靠贫苦人民来战斗，并写下一系列语言凝练的小诗，作为鼓舞人们走向民族民主革命的号角。

3 月 14 日，他与其他起义的领导者在佩斯的一家咖啡馆里商量起义事项，并通过了旨在实行资产阶级改革的政治纲领《十二条》。15 日清晨，震惊世界的“佩斯三月起义”开始了，一万多名起义者集中在民族博物馆前，裴多菲当众朗诵了他的《民族之歌》。起义者欢声雷动，迅速占领了布达佩斯，并使之成为当时的欧洲革命中心。翌年 4 月，匈牙利国会还通过独立宣言，建立共和国。恩格斯曾指出：“匈牙利是从三月革命时起在法律上和实际上都完全废除了农民封建义务的唯一国家。”[21]

面对佩斯起义，决心维护欧洲旧秩序的奥地利皇帝斐迪南马上联合俄国沙皇尼古拉一世，动员 34 万俄奥联军向着人口仅有 500 万的匈牙利凶狠地扑来。在民族危难时刻，裴多菲给最善战的将军贝姆去了一封信：“请让我与您一起去战场，当然，我仍将竭力用我的笔为祖国服务……”在战火纷飞的 1848 年，裴多菲写下了多达 106 首抒情诗。翌年 1 月，裴多菲成为一名少校军官，他又直接拿起武器参加反抗俄奥联军的战斗。

1849 年夏，匈牙利革命军在强敌压迫下战至最后时刻。在战斗中，身材瘦削的诗人被两名俄国哥萨克骑兵前后围住，一柄弯刀凶狠地向他劈来，诗人闪身躲开，但同时另一把尖利的长矛已刺进了他的胸膛，诗人痛苦地倒下了……裴多菲牺牲时年仅26岁，身后留下了22岁的妻子和1岁半的幼子。他一生中写下了800多首抒情诗和8部长篇叙事诗，此外还有80多万字的小说、政论、戏剧和游记，其中相当部分是在战火中完成的。这样的高产率，在欧洲文学史上是非常罕见的。

在匈牙利文学乃至匈牙利民族的发展史上，裴多菲都占有独特的地位。他奠定了匈牙利民族文学的基石，继承和发展了启蒙运动文学的战斗传统，被人誉为“是在被奴隶的鲜血浸透了的、肥沃的黑土里生长出来的‘一朵带刺的玫瑰’”。一个多世纪以来，裴多菲作为争取民族解放和文学革命的一面旗帜，也得到了全世界进步人士的公认。他那一首首脍炙人口的诗篇，至今仍在广为传诵。而裴多菲建立在积极向上人生观基础上的爱情观，也一直为人们广为赞扬。

结　语

马克思主义人生观是具体的、历史的。在全球化、信息化时代，在当代中国社会主义市场经济大潮中，如何对待金钱、权力、事业、爱情、婚姻和家庭等，对任何人都是一场严峻的考验。实际上，人们的人生观存在差异，交出的答卷也五花八门，各不相同。例如，有的人沦为金钱或权力的奴隶，甚至干起了坑蒙拐骗、权钱交易之类勾当，最后毁掉了自己的一生。马克思主义人生观要求我们树立远大的革命理想，正确对待金钱和权力，恪守家庭美德，积极投身到为广大人民群众谋福利、实现共产主义的伟大事业中去。

注 释

1 《马克思恩格斯文集》第 5 卷，人民出版社 2009 年版，第 90 页。

2 《论语·里仁》。

3 《马克思恩格斯全集》第 28 卷，人民出版社 1973 年版，第 28 页。

4 《列宁专题文集　论社会主义》，人民出版社 2009 年版，第 293 页。

5 阿克顿:《自由与权力: 阿克顿勋爵论说文集》，商务印书馆 2001 年版，第 342 页。

6 《十六大以来重要文献选编》(上)，中央文献出版社 2005 年版，第 144 页。

7 《邓小平文选》第二卷，人民出版社 1994 年版，第 168 页。

8 《邓小平文选》第二卷，人民出版社 1994 年版，第 176 页。

9 《邓小平文选》第二卷，人民出版社 1994 年版，第 332 页。

10 习近平:《领导干部要树立正确的世界观权力观事业观》,《中国党政干部论坛》2010 年第 9 期。

11 《十六大以来重要文献选编》(下),中央文献出版社 2008 年版,第 874 页。

12 《孟子·离娄上》。

13 《马克思恩格斯文集》第 4 卷,人民出版社 2009 年版,第 90 页。

14 《马克思恩格斯文集》第 1 卷,人民出版社 2009 年版,第 247 页。

15 《马克思恩格斯全集》第 31 卷,人民出版社 1972 年版,第 522 页。

16 《马克思恩格斯文集》第 4 卷,人民出版社 2009 年版,第 287 页。

17 《马克思恩格斯全集》第 1 卷,人民出版社 1995 年版,第 347 页。

18 《马克思恩格斯文集》第 4 卷,人民出版社 2009 年版,第 96 页。

19 《马克思恩格斯全集》第 1 卷,人民出版社 1995 年版,第 347 页。

20 《马克思恩格斯文集》第 1 卷,人民出版社 2009 年版,第 184 页。

21 《马克思恩格斯全集》第 6 卷,人民出版社 1961 年版,第 363 页。

为人类幸福献出自己的一生

——马克思主义幸福观

劳动创造是人生幸福的源泉，真正的幸福要靠人们用诚实的劳动去创造。马克思主义幸福观是从人类社会实践中提炼出来的，它立意高远，关注的是人民大众的苦难，追求的是全人类幸福的实现。用马克思主义幸福观指导人生，有助于人们自觉抵制各种错误思潮，消除幸福的异化现象，有助于人们为争取全人类的解放和幸福而奉献自己的一生。

幸福是人类永恒的追求，也是一个常谈常新的话题。幸福是人生的意义之所在，不幸福的人生是悲惨的人生。然而，什么是幸福？怎样才能获得幸福？这是所有人都十分关切的问题。我们每一个人，尤其是年轻人，只有在马克思主义人生观的指引下，才更加明确人生的目的和意义，懂得在生活中追求什么、舍弃什么；才能在实现人生的社会价值的选择中实现自我价值，为了全人类的幸福而甘心奉献自己的一生；同时，也才能适应和引领社会发展，让更多的人过上幸福美满的生活，荡起幸福人生的双桨，奔向幸福的人生。

一、什么是幸福

——从“幸福指数”谈起

近些年来，有一个时髦的新词广为流传，引起了很多人的兴趣，那就是“幸福指数”。

“幸福指数”是“幸福”与“指数”两个词语的组合。何谓“指数”？作为经济学概念的“指数”，是指某一经济现象在某一时期内的数值和同一现象在另一个作为比较标准的时期内的数值的比数，它表明经济现象变动的程度，如生产指数、物价指数、劳动生产率指数等。至于“幸福指数”，根据“新经济基金”组织官方网站的说法，是全球第一个将生态环境因素考虑进幸福程度的指数。该指数“一反常规”，不衡量一国或地区有多少资源和财富，或享有多么高的社会福利或人均收入，而主要看各国在生态资源利用上是否合理、有效，是否以较少的消耗实现了较大的价值，人民是否对生活感到满意。

为了突出这一点，“全球幸福指数”囊括了三个方面的信息，包括“生态足迹”度量指标、生活满意程度和人均寿命。其中，“生态足迹”度量指标是指在现有的消费水平、技术发展和自然资源背景下，一定数量的人口需要多少土地才能养活。用生活满意度乘以人均寿命，再除以“生态足迹”度量指标，就得出了“幸福指数”。“全球幸福指数”旨在衡量一个国家或地区在尊重有限的自然资源的同时，为人民赢得了多少幸福。

前些年，英国“新经济基金”组织曾对全球 178 个国家及地区做了“幸福指数”大排名，结果十分出人意料：名不见经传的南太平洋岛国瓦努阿图击败群雄，当选为地球上最幸福的国家。这令众多“财大气粗”的发达国家感到尴尬，美国媒体表现得尤其“酸溜溜”的。

瓦努阿图以 68.2 的指数荣登“全球幸福国家”的榜首。“全球幸福指数”评价说，瓦努阿图的人均寿命为 69 岁，人民对生活的满意程度明显高于其他国家，“生态足迹”度量指数也很低，几乎没有对地球生态环境造成破坏，因而荣登“全球幸福国家”的榜首。

无独有偶。实际上，并不是“全球幸福指数”第一次对传统的幸福观提出了挑战。早在 1972 年，时任不丹国王的吉格梅·辛格·旺楚克（Jigme Singye Wangchuck，1955 年—　）就提出了“国民幸福总值”的概念，以取代国民生产总值，把幸福当作一个标准具体实在地加以测量。他认为，政府施政应该以实现幸福为目标，注重物质和精神的平衡发展。

不丹是一个人口只有 63 万、人均 GDP 仅仅 1700 美元的发展中国家。据说，该国只有两架飞机，大部分人都吃素，且大部分是农业人口，基本的物质条件很差，人民生活水平不高。四十多年过去了，不丹的这个“治国之道”一以贯之，尽管国家并不富裕，然而广大居民却被认为是“最幸福”的人，成为世人寻找幸福踪迹的目的地。

“全球幸福指数”和“国民幸福总值”的指标是否合理？瓦努阿图人、不丹人是否真的是全球最幸福的人？对此，或会有极大的争议，或许总是有人不服气。然而，如果我们仔细反思，那么确实可以从中悟出一些什么。

毕竟，“幸福”是一个含义模糊、极难界定的概念，不是那么容易说清楚的，也不应该有人垄断解释权。有人调侃说，要难倒一个哲学家，最简单的办法就是问他“什么是哲学”，同样，要想难倒一个伦理学家，最有效的办法就是问他“什么是幸福”。

从古至今，每个人都按照自己的人生理想和生活轨迹，采用适合自己的方式来追求幸福。但由于每个人的社会环境、生活条件和社会关系不同，因而每个人心中的幸福生活图景各不相同，对“何谓幸福”都有自己各具特色的理解和诠释。即使是同一个人在人生的不同阶段，对幸福的理解也可能不尽相同。小时候，拥有了自己喜爱的玩具，觉得很幸福；上学时，考试取得了好成绩，觉得很幸福；毕业后，找到了心仪的工作，觉得很幸福；工作后，有了自己的房子，娶了心爱的妻子，觉得很幸福……去医院看望病人，觉得身体健康就很幸福了；到监狱参观，觉得拥有人生的自由也很幸福……哲学家康德感慨地说：“幸福的概念如此模糊，以至虽然人人都在想得到它，但是，却谁也不能对自己所决定追求或选择的东西，说得清楚明白，条理一贯。”[1]

但是，每个人都想得到幸福，都想过幸福的生活，这恐怕是唯一得到人们广泛承认的人生目标。为了获得幸福生活，每一个人都在奋斗着，人类从未停止过对幸福追寻的脚步。作为人类文明中永恒的追求，几千年来，无数哲人对幸福进行了探索和研究，为我们对人生进行哲学反思提供了睿智而广泛的素材。

有人认为，幸福就是快乐，只要会寻找乐趣，快快活活地过一生就是幸福的。诚然，快乐是人生必需的，没有快乐，人生将是郁闷、刻板而凄凉的。然而，快乐却是消费性的，快乐过后，并不会留下什么决定人生意义的东西。况且，快乐的得来如康德所说，并不需劳神苦求，甚至一个人在什么情况下都可以寻欢作乐！那种“此间乐，不思蜀”式的快乐，那种无所事事放浪形骸式的快乐，那种吞食扶贫款挥霍民脂民膏式的快乐，那种建立在他人痛苦基础之上的残暴的快乐，以及一切违背人性、良知与正义的寻欢作乐……显然早已背离了幸福的本真意义，与幸福相去何其远矣！

有人认为，幸福就是欲望的满足。有人梦想，若是想要什么就有什么，那该是多么幸福啊！然而，在现实社会中，欲望是永无止境的，是永无可能彻底满足的。旧的欲望满足了，总会有新的欲望冒出来，封侯恨不授公，授公恨不称帝，称帝恨不长生……如此循环往复，从而堕入“欲望——满足——欲望”的怪圈，人难免会无止境的痛苦——满足不了的痛苦，至少人生将是痛苦多于幸福的。甚至欲望的重复与过分的满足，诸如让穷人日复一日地享受山珍海味，诸如让戏迷一天到晚泡在大戏院里，诸如让书生一年四季坐拥书城，也可能会让人腻味与厌烦的。可幸福却是多多益善的，只有忍受不了的不幸，没有消受不了的幸福！

有人认为，金钱、权力之类利益就意味着幸福。确实，一定的物质基础是人生所必需的。想想穷得叮当响、饿得前胸贴后背的苦滋味，想想办事时求天不应、求人无门时的无奈，人们是多么渴盼能够吃穿不愁、办事如鱼得水啊。但是，利益却只是人们追求幸福的手段。只要仔细观察，善良的人们不难发现，现实中不少富人或达官贵人“穷”得只剩下钱或权了，他们并不是幸福的富翁。当人生被钱和权完全“异化”了的时候，生活还是一种真正的自主的开心的生活吗？甚至幸福有时倒意味着一种不求回报的给予，一份心底无私的默默的奉献。像父母对子女的关爱，似情人恋人间的真情，如朋友之间的诚挚友谊……都能带来无限的幸福感。此时此景若斤斤计较、患得患失，不仅可能无缘幸福，倒可能带来无边的抱怨和痛苦。

有人认为，幸福就是“付出后的收获”“投入后的报偿”。传统宗教和道德总是劝人先忍受几乎一生的苦难，以获得那种“后来福”“老来福”，就像旧时的书生“十年面壁”皓首穷经以求金榜题名后的“黄金屋”“颜如玉”，就像多年的媳妇忍气吞声忍辱负重终于熬成老太婆，于是“作威作福”变态地欺负新媳妇儿，就像宗教喋喋不休地劝慰人们以忍受此生的无边苦难去换取通往极乐天堂的通行证……这类精神鸦片似的许诺式说教，实实在在地剥夺了多少人此生的幸福！又有多少人倒在了这种预期中的“幸福”到来之前！其实，幸福并不是可以拿自己的生命或即时的生活去简单交换的，因为根本没有谁为你负责照顾等式两边是否真正对等！幸福从来不是别人为你安排的，倾国之权、亿万富翁皆不能保证子孙永荫余泽，幸福绵绵，更何况区区如你我之辈！

排除了幸福的若干世俗的误区，那么，究竟什么是幸福？幸福之路在何方？幸福之门如何开启？

马克思主义人生观认为，幸福的本质应该是物质生活和精神生活的统一、个人幸福和社会幸福的统一。这才是一种实践的、积极的、健康的幸福观。马克思主义幸福观不仅是人类思想发展史上最科学的幸福观，而且也是最先进的幸福观。

——**幸福理想的崇高性**。马克思主义幸福观是对历史上剥削阶级利己主义幸福观的否定，它以集体主义为原则，以为人民服务为核心，以消灭剥削、消除两极分化、最终实现共同富裕为目标，以实现全人类的彻底解放、人的自由全面发展和建立“世界大同”的共产主义制度为幸福理想。这充分体现了马克思主义幸福理想的崇高性和神圣性。

——**幸福内容的完整性**。马克思主义的幸福观是对享乐主义幸福观、拜金主义幸福观、拜权主义幸福观等“残缺性”、非科学幸福观的否定。它既包括个人幸福，也包括社会幸福，既包括物质幸福，也包括精神幸福，既包括现实幸福，也包括未来幸福，是一个包含多种要素、结构合理的内容体系，它具有全面性、完整性、协调性的特点。另外，坚持幸福内容的完整性，谋求眼前的幸福，必须胸怀长远的幸福；追求长远幸福，必须从实现眼前幸福开始，最终做到眼前的幸福与长远的幸福和谐统一、互相促进。

——**以劳动创造为幸福实现途径**。马克思主义幸福观认为，劳动是幸福的源泉。幸福并不神秘，并不遥远，它就在你此在的生活之中！它需要你用心地争取，需要你不懈地奋斗，需要你自主地创造！与其说幸福是你人生中的一种状态，倒不如说是一种态度或能力，就看你如何顺应时代发展的潮流，立足自身的利益和需要，把你的生活创造成一种有意义的生活，并实实在在地欣赏它、享受它。

当然，幸福也需要你有双“发现的慧眼”，需要你知道如何用心去体验和感受。几乎可以肯定地说，幸福并没有具体的衡量标准，特别是很难用具体的“指数”去描述它。幸福甚至有些神秘，它是一个变数，依赖许多因素，会随着个人情绪、体验、感受、心境的不同而变化，而且这种变化并不与欲望、权力、金钱、享乐成正比。幸福不只是一种具体的、有限的个人情绪的满足与快感，而是人们对现实生活的一种总体满意度，以及对生命质量的一种全面评价。

二、幸福总是随财富的增长而增长吗

——抬轿子的人未必不幸福

20 世纪最具影响力的英国哲学家、文学家罗素，1924 年来到中国的四川。那个时候的中国，军阀割据，战乱频仍，山河破碎，民不聊生。罗素刚写完他的巨著《幸福论》，他希望以自己的思想教化、引导中国人摆脱苦难，走上幸福之路。

当时正值夏天，四川的天气非常闷热。罗素和陪同他的几个人坐着那种两人抬的竹轿上峨眉山观光。山路非常陡峭险峻，几位轿夫累得大汗淋漓。罗素见了此情此景，一时没有了观赏峨眉山美景的心情，而是观察和思考起几位轿夫来。他心里想，轿夫们一定痛恨他们几位坐轿的人，这样热的天气，还要他们抬着上山。甚至他们或许正在思考，为什么自己是抬轿的人、而不是坐轿的人。

罗素正想着，到了山腰的一个小平台，陪同的人让轿夫停下来休息一会儿。罗素下了竹轿，认真地观察起轿夫的表情来。他看到轿夫们坐成一行，拿出烟斗，又说又笑，讲着很开心的事情，丝毫没有怪怨天气和坐轿人的意思，也丝毫没有对自己的命运感到悲苦的意思。他们饶有趣味地给罗素讲自己家乡的笑话，很好奇地问罗素一些外国的事情。他们还给这位大哲学家出了一道智力题："你能用 11 画，写出两个中国人的名字吗？"罗素想了想，承认不能。轿夫笑呵呵地说出答案："王一、王二。"在交谈中，他们不时发出高兴的笑声。

罗素陡然心生一丝惭愧和自责：我凭什么去宽慰他们？我凭什么认为他们不幸福？后来，罗素在他的《中国人的性格》一文中谈到了这件事。他因此得出了一个著名的人生观点：用自以为是的眼光看待别人的幸福或苦痛是错误的。

这个故事还说明了一个深刻的哲理：坐轿子的人未必是幸福的，抬轿子的人未必不是幸福的。幸福与人们占有的物质财富多少，与人们所处的位置高低，似乎并不是正向关联的。就像有哲人曾经追问过的，位高权重但战战兢兢度日的国王，一定比身无分文、但无忧无虑的乞丐幸福吗？这种现象值得人们深刻反思，需要哲学家们给予回答。

立足马克思主义人生观全面地反思幸福，反思上述问题，至少我们应该强调如下两个方面：

一方面，幸福必须以一定的经济发展为前提。真正的幸福必须建立在一定的物质基础之上。

唯物史观肯定物质资料的生产在人与社会发展中的基础性作用。马克思指出："正如任何动物一样，他们首先是要吃、喝等等，也就是说，并不'处在'某一种关系中，而是通过活动来取得一定的外界物，从而满足自己的需要。"[2]没有一定的物质基础，很难谈得上幸福，物质的保障是人生活、发展必不可少的条件；同时，物质生活也决定和影响着人们的精神生活，只有有了一定的物质保证，人们才能有其他的精力去追求、丰富其精神世界。如果一个人每天都在担心吃饭问题该如何去解决，那么，体会什么是幸福对他而言就是不切实际的天方夜谭。"对于一个忍饥挨饿的人来说并不存在人的食物形式……忧心忡忡的、贫穷的人对最美丽的景色都没有什么感觉"[3]。

"左"的年代推崇"越穷越光荣"，"越穷越革命"，但温饱都没有解决，人民群众并未过上幸福生活。邓小平在总结我国社会主义建设的经验时也强调：“不讲多劳多得，不重视物质利益，对少数先进分子可以，对广大群众不行，一段时间可以，长期不行。革命精神是非常宝贵的，没有革命精神就没有革命行动。但是，革命是在物质利益的基础上产生的，如果只讲牺牲精神，不讲物质利益，那就是唯心论。”[4] 因此，社会主义的本质首先就是要解放生产力、发展生产力，以极为丰富的物质资料满足人们的基本需要，为人们追寻幸福生活奠定坚实的物质基础。

另一方面，虽然物质生活条件的改善和提高是人们获得幸福的重要因素，但绝对不是唯一的因素。

例如，为什么如前所述，瓦努阿图会荣登“全球幸福国家”的榜首呢？原因在于，瓦努阿图并不是一个生产发达、消费主导的社会。他们根本就不以此为目标。在瓦努阿图人的观念中，根本就没有太多的物质要求。似乎，他们拥有很少的东西，就可以活得很滋润，很快乐。实际上，他们真正忧虑的只有破坏性的台风和季节性地震。

由于我们过去长期的积贫积弱，由于近代以来屡屡落后挨打，当代中国人普遍相信，富强是幸福的一个最重要的条件。但今天看来，情况或许并非如此。随着经济的不断高速发展，人们越来越认识到，虽然物质生活条件的改善和提高是人们获得幸福的重要因素，但绝不是唯一的因素。甚至可以说，财富的增长并不一定总是能提高人们的幸福感。这正如美国普林斯顿大学教授卡尼曼（Kahneman，1934 年—　）指出的，有许多证据证明，（物质上）更加富有并非使我们更加幸福。研究表明，更富有的国家的人们的确比贫穷的国家的人们更幸福些，但是，一旦有了住宅、食物和衣服，额外的钱财似乎并不能给人们带来更多的幸福。

2001 年 5 月 19 日美国《纽约时报》的一则报道耐人寻味："50 年来，美国的富有程度已大大提高。普通人都能够支付第二辆汽车、飞越大洋的机票和在家里播放的电影设备。这些东西，在第二次世界大战前只有富人才能买得起。平均来看，今天的人们可以买到更好的食品、得到更好的保健，似乎也过上了更好的生活。然而，作为一个整体，美国人并不认为自己比过去快乐。事实上，一系列调查显示，30 年来，美国人从某种程度上说反而比过去更不满意。因此，一句老话更能准确地反映现代生活：金钱其实买不来幸福……从 1970 年到 1999 年，美国家庭的平均收入增加了 16%，而自称'非常幸福'的人所占的比例却从 36%降到 29%。"

实际上，在今天的中国，我们也可以发现同样的现象。近些年来，中国经济突飞猛进，GDP 已经高居世界第二位。绝大多数人的生活都已经解决了温饱，很多人还实现了小康，甚至一部分人已经“先富起来”，购买力频频令世界震惊。然而，今天的中国人很幸福吗？或者说比过去更加幸福吗？恐怕很难简单地得出这样的结论。至少，不少人比过去对社会对生活更加不满，抑郁症发病率、自杀率不断攀升就很说明问题。

在特定条件下，我们还发现，幸福甚至可能随财富的增加而不断地减少。例如，一些贪官不择手段地聚敛钱财，伴随其个人财富的急剧膨胀，其罪恶也在增加，到头来得到的将是法律的严惩，最终导致身败名裂，哪还有幸福可言！即使丑行尚没有败露，但因为担心东窗事发，也是整天提心吊胆，风声鹤唳，神经紧张，这时岂有幸福之理！对此，我们应该有所反思。

总之，越来越多的人认识到，**人生的最终目的不是财富的最大化，而是幸福本身的最大化**。在幸福面前，人生其他的一切都是微不足道的，不能本末倒置，不能误入歧途。今天，我们讲以人为本的科学发展观，就是强调不仅要注重物质财富的发展，而且要注重精神层面的发展，还要注重全面的发展、可协调的发展。因为单纯的物质资料本身并不是幸福的真正源泉，更不等于幸福本身。人只有在一定的物质条件下，充分发挥自己的创造力，让物质生活和精神生活达到高度的统一，才可能过上幸福美满的生活。

三、个人幸福和社会幸福的统一
——从少年马克思的中学作文说起

伟人马克思在17岁读中学时就已经树立了远大的理想抱负。他在中学作文《青年在选择职业时的考虑》中第一次热情地然而又是坚定地把为人类幸福而献出自己的一生作为自己终生的追求。

马克思这样写道："历史把那些为共同目标工作因而自己变得高尚的人称为最伟大的人物；经验赞美那些为大多数人带来幸福的人是最幸福的人……如果我们选择了最能为人类而工作的职业，那么，重担就不能把我们压倒，因为这是为大家作出的牺牲；那时我们所享受的就不是可怜的、有限的、自私的乐趣，我们的幸福将属于千百万人，我们的事业将悄然无声地存在下去，但是它会永远发挥作用，而面对我们的骨灰，高尚的人们将洒下热泪。"[5]

从历史文献来看，尽管年轻的马克思还未形成完整的科学的人生观，尽管他的理想追求还建立在唯心主义世界观的基础上，但是，他却已经具有了把追求人类幸福作为自己幸福的高尚的人生观雏形。虽然他的人生理念还不是成熟的马克思主义人生观，但这深刻地表明了，马克思为什么会成为一个把自己的一生奉献给全人类解放事业的世纪伟人。

实际上，任何幸福都是具体的、历史的。在阶级社会中，任何幸福观都是立足于阶级立场和利益并为不同阶级的利益服务的。也正因为此，是为占人口少数的统治者服务，还是像马克思一样，为占人口绝大多数的人民群众服务，是我们不能回避、必须思考和选择的一个问题。

资产阶级幸福观是为资产阶级利益服务的，其幸福主体也只能是占人口少数的资产阶级。无论是资产阶级的赤裸裸的利己主义幸福观，还是其经过粉饰后的合理利己主义幸福观，以及“追求最大多数人的最大幸福”的功利主义幸福观，在私有制神圣不可侵犯的资本主义社会，对工人阶级和劳动人民来说，都是不会带来幸福的。虽然它肯定了人人都有追求幸福的权利，但它把这种权利归结为私有制的神圣不可侵犯性，这就实际上取消了无产者追求幸福的物质条件，把少数有产者的幸福建立在大多数人的痛苦和死亡之上，因此，资产阶级的幸福观必然成为一种抽象而伪善的道德说教，在人人幸福的旗帜下掩盖了无产者的不幸；在人人享乐的口号下，掩盖了工人阶级的被迫禁欲，因此，富有和贫穷的对立并没有在普遍幸福中得到解决，反而更加明显更加尖锐了。

马克思主义幸福观的幸福主体不是少数剥削者和压迫

者，而是占人口绝大多数的无产阶级和劳动人民。这充分体现了马克思主义幸福观的幸福主体的广泛性、人民性。幸福主体的广泛性、人民性，是马克思主义幸福观与一切剥削阶级幸福观的分水岭。

如前所述，早在青年时期，马克思就有了为社会进步、为人类解放而奋斗的幸福理想。事实上，马克思不但是崇高幸福理想的倡导者和宣传者，而且是一位勇敢、忠诚的实践者和开拓者。马克思后来毕生所从事的事业，就是一项“为大家而献身”的“最能为人类福利而劳动的职业”。马克思认为，那些为大多数人带来幸福的人，就是最幸福的人。

马克思主义幸福观是广大无产阶级和劳动人民实现自身解放和幸福的锐利思想武器。胡锦涛在党的十七大报告中强调，“要始终把实现好、维护好、发展好最广大人民的根本利益作为党和国家一切工作的出发点和落脚点，尊重人民主体地位，发挥人民首创精神，保障人民各项权益，走共同富裕道路，促进人的全面发展，做到发展为了人民、发展依靠人民、发展成果由人民共享。”[6] 十七大报告把“最广大的人民”作为幸福的主体，要求“尊重人民主体地位”，强调“发展成果由人民共享”，这充分体现了幸福主体的广泛性。坚持幸福主体的人民性就是坚持幸福主体的广泛性，这是对马克思主义幸福观的继承和发展。

坚持马克思主义幸福观，要正确处理个人幸福和社会幸福之间的关系。个人幸福和社会幸福是互相联系、互相依存、辩证统一的。

恩格斯指出："每个人都追求幸福。个人的幸福和大家的幸福是不可分割的。"[7]幸福固然是每个人自己的体验和实践，但是，如果离开个人所处的环境、离开他人，单独地谈论幸福，事实上是很难做到的。因为人的各种活动都是在社会的实践中实现的，人作为社会成员的一分子，其行为与社会是密不可分的。早在古希腊，亚里士多德在谈到社会对人类幸福的影响时曾说："如果一个人不是在健全的法律下成长的，就很难使他接受正确的德性。因为多数人，尤其青年人，都觉得过节制的、忍耐的生活不快乐。所以，青年人的哺育与教育要在法律指导下进行。这种生活一经成为习惯，便不再是痛苦的。"[8]如果我们看不到个人幸福的现实社会性，看不到个人幸福的社会条件，把个人幸福和社会幸福割裂和对立起来，甚至以损害他人和集体的利益来谋取个人幸福，将个人幸福建筑在他人的痛苦之上，那么，必然导致个体和社会的矛盾与冲突，最终导致个体自身的不幸福。

法国著名的自然主义小说家和理论家、自然主义创始人左拉（Zola，1840—1902年）曾经指出，每一个人可能的最大幸福是在全体人所实现的最大幸福之中。德国工人哲学家狄慈根（Dietzgen，1828—1888 年）也说，只有整个人类的幸福才是你的幸福。法国空想社会主义者圣西门（Saint-Simon，1760—1825 年）更是精辟地说，为人类的幸福而劳动，这是多么壮丽的事业，这个目的有多么伟大！撇开社会环境，撇开他人，抽象地谈论个人的幸福，实际上是没有意义的。俗话说，“送人玫瑰，手留余香”。我们只有在追寻自己幸福的人生，实现自我价值时，兼顾各方面利益，妥善处理个体与整体、局部与全部、眼前与长远的关系，将个人幸福和社会幸福辩证地统一起来，才能真正实现个人的幸福。

四、幸福不会从天降

——哲学家苏格拉底论幸福

幸福不是毛毛细雨，不会自己从天上掉下来。幸福不是既定的存在，不是等待的享受，而是现实的创造，是奋斗的追求。

有一则古希腊哲学家苏格拉底（Socrates，前 469—前 399 年）论幸福的故事，意味深长，值得用心琢磨。故事的情节大致是这样的：一群精力充沛的年轻人到处寻找幸福，可是，不仅没有找到幸福，反而遇到了很多的烦恼、忧愁和痛苦。于是，他们向哲学家苏格拉底请教，问哲人幸福到底在哪里。苏格拉底没有直接回答他们，而是对他们说："你们还是先帮我造一条船吧！"于是，这帮年轻人暂时把寻找幸福的事儿放在一边，开始造船。他们找来造船的工具，用了七七四十九天，锯倒了一棵又高又大的树，挖空树心，造出了一条大型的独木船。独木船下水了，他们把苏格拉底也请上船，一边合力划桨，一边齐声歌唱。苏格拉底问："孩子们，你们幸福吗？"他们齐声回答："幸福极了！"苏格拉底说："幸福就是这样，它往往在你为着一个明确的目标忙得无暇顾及其他的时候就突然来访。"

马克思主义人生观认为，人是自身幸福的创造者，劳动创造是一切幸福的源泉。劳动不仅为幸福的实现提供物质条件，而且创造的过程本身就是一种幸福体验。

从人们自身的实际出发，通过积极的劳动实践活动不断拓展自身的潜力，实现人生的价值，才能找到自己的幸福道路。20世纪60年代，我国有一部电影《我们村里的年轻人》广为观众所喜爱。电影演的是一群农村青年人用自己勤劳的双手换来了美好幸福的生活。影片中有两句歌词很有哲理："樱桃好吃树难栽，幸福不会从天降。"世界上根本没有天造地设的"幸福"。马克思主义认为，幸福不在所谓的"天国”、靠上帝的恩赐而得来，也不可能通过冥思苦想、靠纯粹的思辨而得来，甚至它也不是自然的“恩赐”，不能依赖他人的“施舍”，不能依赖父母的“营造”，不劳而获，坐享其成，更不可能通过尔虞我诈或弱肉强食地剥削、压迫、掠夺而来。真正的幸福应该建立在劳动创造的基础上，是通过社会实践活动的手段而获得的。离开了人们自己的劳动创造，幸福就成了无源之水、无本之木。

人追求幸福的实践活动，改造了客观的自然和社会，它不仅仅满足了人们的物质生活，同时还满足了人们的精神生活。只有在实践活动中，人们才能实现自身的价值，发展自己，达到二者的统一，使人们的心灵空间变得充盈而温暖，真正体会到劳动创造带来的属于自己的幸福。恩格斯在《反杜林论》中指出：“通过社会化生产，不仅可能保证一切社会成员有富足的和一天比一天充裕的物质生活，而且还可能保证他们的体力和智力获得充分的自由的发展和运用。”[9]只有实现个人和社会的全面发展和进步，才能真正实现人生的幸福！

劳动创造是幸福的唯一源泉，这为人们指明了走向幸福乐园的正确途径。实现幸福的途径的社会实践性是对剥削阶级寄生性的彻底否定和批判，是对追求虚幻幸福者的大声唤醒。《国际歌》中唱道：“从来就没有什么救世主，也不靠神仙皇帝。要创造人类的幸福，全靠我们自己。”这充分说明，在阶级社会中，要真正实现“人民幸福”，不能把希望寄托在少数统治者身上，“人民幸福”只能靠人民自己去争取、去创造。在阶级对立的社会中，在社会分裂为利益尖锐对立的不同利益集团的社会中，要实现个人的幸福，首先必须争得本阶级、本利益集团的解放。只有消灭了摧残压抑人性的社会条件，才能谈得上有真正的个人幸福。如果说个人存在是不幸的，那么，最重要的是找出并消除产生这不幸的社会根源。

马克思说，劳动是人的第一需要。任何一个民族，如果停止了劳动，不用说一年，就是几个星期也要灭亡。[10] 事实也证明，没有人民改造社会、改造自然、改造自身的伟大实践活动，就根本不可能有人民的幸福生活。中国共产党领导人民夺取新民主主义革命胜利，建立社会主义基本制度，为中国人民走向美好幸福之境奠定了坚实的基础、开辟了广阔的道路；经过改革开放三十多年的艰苦奋斗，综合国力大幅度提高，人民生活实现了从温饱到小康的历史性跨越，进入 21 世纪，向着全面建设小康社会的目标迈出坚实步伐。中国共产党坚持把造福人民作为一切奋斗和工作的目的和归宿，十分关注民生，“着力解决人民最关心、最直接、最现实的利益问题”，为了实现“发展成果由人民共享”和共同富裕的崇高目标，把促进社会公平正义作为“发展中国特色社会主义的重大任务”，着眼于实现人民幸福内容的全面性、完整性和协调性，坚持经济、政治、文化和社会事业的全面、协调和可持续发展，以满足广大人民群众日益增长的多方面需要……这就是中国共产党带领中国人民不断创造幸福生活、实现中华民族伟大复兴的中国梦的社会实践过程。

对于我们每一个人来说，要想获得幸福，就要为自己设立远大的、有意义的理想和目标，并不懈地为之劳动创造，为之奋斗牺牲。具体而言，就是要将有限的生命，投身到为实现绝大多数人的利益而奋斗的共产主义事业中去，将有限的人生与远大的人生目的联系起来，在辛勤的工作与生活中真真切切地感受幸福。当然，奋斗没有终点，幸福也没有终结，它处在一个永远创造的历史过程之中。

结 语

劳动创造是人生幸福的源泉，真正的幸福要靠人们用诚实的劳动去创造。马克思主义幸福观是从人类社会实践中提炼出来的，它立意高远，关注的是人民大众的苦难，追求的是全人类幸福的实现。用马克思主义幸福观指导人生，有助于人们自觉抵制各种错误思潮，消除幸福的异化现象，有助于人们为争取全人类的解放和幸福而奉献自己的一生。

注 释

1 周辅成:《西方伦理学名著选辑》下卷，商务印书馆1987年版，第366页。

2 《马克思恩格斯全集》第19卷，人民出版社1963年版，第405页。

3 《马克思恩格斯文集》第1卷，人民出版社2009年版，第191—192页。

4 《邓小平文选》第二卷，人民出版社1994年版，第146页。

5 《马克思恩格斯全集》第1卷，人民出版社1995年版，第459—460页。

6 胡锦涛:《高举中国特色社会主义伟大旗帜 为夺取全面建设小康社会新胜利而奋斗——在中国共产党第十七次全国代表大会上的报告》，人民出版社2007年版，第15页。

7 《马克思恩格斯全集》第42卷，人民出版社1979年版，第374页。

8 亚里士多德:《尼各马可伦理学》，商务印书馆2003年版，第313页。

9 《马克思恩格斯文集》第9卷，人民出版社2009年版，第299页。

10 参见《马克思恩格斯文集》第10卷，人民出版社2009年版，第289页。

附　录

《新大众哲学》总目录

学好哲学　终生受用

——总论篇

反对主观唯心主义

——唯物论篇

照辩证法办事
——辩证法篇

人类思想史上的新历史观

——历史观篇

人的精神家园

——价值论篇

荡起幸福人生的双桨

——人生观篇

后记

2010年7月4日，中国社会科学院院长王伟光教授（时任常务副院长）主持召开了《新大众哲学》编写工作第一次会议，传达了中共中央宣传部关于编写《新大众哲学》课题立项的决定，正式启动了这一重大科研任务。在启动会议上，成立了依托中国辩证唯物主义研究会、以中国社会科学院与中共中央党校的专家学者为主的编写组，由王伟光教授任主编，李景源、庞元正、李晓兵、孙伟平、毛卫平、冯鹏志、郝永平、杨信礼、辛鸣、周业兵、王磊、陈界亭、曾祥富等为编写组成员。

从2010年7月初到8月底，编写组成员认真走访了资深专家学者。对京内专家，采取登门拜访的形式；对京外学者，则采取函询的方式。韩树英、邢贲思、杨春贵、汝信、赵凤岐、黄楠森、袁贵仁、陶德麟、侯树栋、许志功、陈先达、陈晏清、张绪文、宋惠昌、沈冲、卢俊忠、卢国英、王丹一、赵光武、赵家祥等充分肯定了编写《新大众哲学》的重要意义，提出了有价值的建议（其中一部分书面建议已经安排在《马克思主义哲学论丛》上分期刊发了）。编写组专门召开会议，对各位专家提出的意见和建议进行了充分讨论，认真吸取各位专家的建言。

编写组认真提炼和归纳了马克思主义哲学关注并需要回答的 300 个当代重大理论与现实问题。从 2010 年 7 月 31 日到 11 月底，编写组对这些问题进行了反复研讨和精心梳理。经过充分讨论，编写组把《新大众哲学》归纳为总论、唯物论、辩证法、认识论、历史观、价值论和人生观七个分篇，拟定了研究写作提纲，制订了统一规范的写作体例。

《新大众哲学》编写组成员领到写作任务后，自主安排学习、研究与写作。全组隔周安排一次研讨会，对提交的文稿逐一进行研究讨论。在王伟光教授的带动下，这种日常性的集中讨论在三年多的时间里一直得到了严格坚持，从 2010 年 7 月启动到 2013 年 10 月已持续了 80 次，每次都形成了会议纪要。写出初稿后，还安排了 3 次集中讨论，每次集中 3 天时间。这些内容都体现在《新大众哲学》的副产品《梅花香自苦寒来——新大众哲学编写资料集》中。

主编王伟光教授在公务相当繁忙的情况下，一直亲自主持双周讨论会，即使国外出访或国内出差也想办法补上。他在白天事务缠身的情况下，经常在夜间加班，或从晚上工作到凌晨2点，或从清晨4点开始工作。他亲自针对问题拟定了写作提纲，审改了每份初稿，甚至对相当多的稿件重新写作，保证了书稿的质量与风格。可以说，在编写《新大众哲学》的过程中，他投入了最多的精力，奉献了最多的智慧。

经过三年多的努力，大部分稿件已基本成稿。为统一写作风格并达到目标要求，王伟光教授主持了五次集中修订书稿。每一次修改文稿，每稿至少改三遍，多则十遍。第一次带领孙伟平和辛鸣，于2013年5月对所有书稿进行统稿，相当多的书稿几乎改写或重写。在这个基础上，他于同年7—10月重新修订全部书稿，改写、重写了相当多的书稿，做了第二次集中修订。2013年11月，王伟光教授将全部书稿打印成册，送请国内若干资深专家学者再次征求意见。韩树英、邢贲思、杨春贵、赵凤岐、陶德麟、侯树栋、许志功、陈先达、陈晏清、张绪文、宋惠昌、赵家祥、郭湛、丰子义等认真阅读了书稿，提出了中肯的修改意见。在这期间，王伟光教授对书稿进行了第三次集中审阅、改写和重写。2013年12月上旬，其对书稿进行了第四次集中审阅和改写。2014年1月5日，根据专家意见，编写组成员进行了一次，即第81次集中讨论。2014年1—3月分别作了初步修改。在此基础上，王伟光教授于 2014 年 3—6 月进行了第五次集中修改定稿，对每部书稿做了多遍修改，甚至重写。孙伟平也同时阅改了全书，辛鸣、冯鹏志阅改了部分书稿。于 2014 年 6 月 8 日，书稿交由人民出版社和中国社会科学出版社出版。同年 7 月，王伟光教授和孙伟平同志根据编辑建议修订了全部书稿，8 月审改了书稿清样。

在《新大众哲学》即将面世之际，往事历历在目。在这四年左右的时间里，编写组成员牺牲了节假日和平常休息时间，花费了大量的精力和心血。出于对马克思主义哲学的忠诚、信念和追求，老中青学者达成了共识，并紧密凝聚在一起，不辞劳苦，甘于奉献。资深专家的精心指导和严格把关，是《新大众哲学》提升质量的重要条件。《新大众哲学》在写作过程中，参考了《大众哲学》《马克思主义哲学纲要》《通俗哲学》等著述。黑龙江佳木斯市市委书记王兆力、北京观音阁文物有限公司董事长魏金亭、大有数字资源公司董事长张长江、北京国开园中医药技术开发服务中心董事长高武等，提供了便利的会议场地和基本的物质条件，这是《新大众哲学》如期完成的可靠保障。人民出版社和中国社会科学出版社对此书出版高度重视，编辑人员展现了一流的编辑水平和敬业精神。我们一并表示诚挚的感谢！

xin dazhong zhexue

新大众哲学 · 7 · 人生观篇

荡起幸福人生的双桨

王伟光　主编

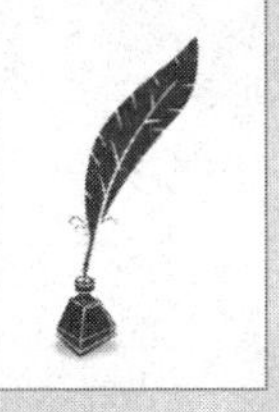

认识世界的目的在于改造世界